MW01516037

FPA® 性格色彩

跟乐嘉学
性格色彩

乐 嘉/著　张伟迪/绘

C︱S 湖南文艺出版社
HUNAN LITERATURE AND ART PUBLISHING HOUSE

博集天卷
CS-BOOKY

序言
Preface

打 开 一 扇 小 门
进 入 一 个 世 界

这本漫画书是写给那些过去从来不了解我，后来从电视上知道我，觉得我看人还算有料、说话还能见血，但又搞不清楚我到底用的是什么招数的朋友们看的。

　　从2001年开始，我用年少时老师传授的性格分析学问，结合自己那点小聪明，拼命捣鼓出一套"FPA性格色彩"课程，开始在江湖上行走，期望凭此混口饭吃，养家糊口。当时还只能谈不同性格的人如何沟通，若自己能成为讲课生猛神勇的培训高手就心满意足了。结果，在日复一日的培训生涯中，我尝试带领同僚从企业到政府，从大学到幼儿园，从部队到心理咨询机构，从达官贵人到平民小儿，在各种地方不停地讲，不停地讲，不停地讲……随着所涉领域渐多，所遇之人渐广，才发现这门功夫变化无穷、延伸万千、应用无限；更重要的是，所有学过的人都能清楚地看见痛苦正远离，快乐正走来。当人们不时回头与我探讨里面的道道时，极大地满足了我的虚荣心，从此，激励我以"性格色彩传道者"为人生最高追求境界。

　　虽然我从未学过心理学，也没看过多少心理学的书，但因这门功夫好歹与实用心理学沾边，而电视节目可将人的形象放大，稀里糊涂地，我就从原来企业培训领域里小众知道的专家突然变成了大众专家。专家的帽子实在太重，我不想戴，但我却可不谦虚地说：本书的这套工具简便、实用、易学，能触动人心最底部；你学了，你也是专家。

十年之后的今天，你让我说说"FPA性格色彩"到底有什么用，如是说：第一，让你知道你自己是谁。你可知道你为何快乐和痛苦，你的致命死穴在哪儿，此宝名曰"洞见"。第二，让你知道他是谁。你能读懂其他人在想什么及每件事背后的动机，搞明白为何总有人让你痛恨和不爽，此宝称作"洞察"。第三，让你可做更好的快乐的自己。你有法痛改自己的缺点，吸取别人的精华，达至人生平衡，此宝誉为"修炼"。第四，让你可以搞定一切你想搞定的人。文雅点的说法就是，与谁都能友好相处还可达成你的目标，此宝乃是"影响"。

信息乱飞的今天，我们已少有耐心坐下来静静读完一本书，否则也不会有那么多人在我的微博和博客上发问"这个测试分数说明什么呀？"，其实答案就在书后。我们已懒到不用大脑思考，宁愿别人嚼好来喂我们；我们想直接摆平问题，我们没兴趣知道为何出现问题；我们只要"HOW"，我们不问"WHY"。所以，这本书，咱不谈阳春白雪，就讲下里巴人。对我过去四本书的读者和已经是性格色彩的学员而言，这本书的文字有一部分是曾经出现的，也有一部分涉及了更广更杂的新领域。我希望通过本书，让更多还没入门的人先了解到"FPA性格色彩"的价值。

我翻开2006年写完的《色眼识人》，看到自白中的一段话——"将复杂问题简单化，形象地留在他人心中是第一功夫；将简单问题深刻化，再用大道诠释万物是第二功夫。这些年，我一直期待把有价值的思想能平白通顺地说出来，让更多人受益。"当日，我觉得自己已做得够好，而今朝，由这本漫画书的面世，才发现天下尚有更灵动鲜活的法子，让人们能更方便地在这个喧嚣闹腾的世界里体验阅读的快感。

当你看到这句话时，你我的人生注定已交集，但彼此能走多深，取决于你。期待各位可以享受这段阅读之旅，让这本小书帮你打开广袤无边的性格色彩世界之门。

但我需要提醒你的是，一切只是刚刚开始！如果你读完本书，以为自己已深谙红蓝黄绿之究竟，你终将发现那是你最大的错误。如果你从本书中闻到了宝藏的味道，你可以继续阅读其他几本书，也可以参加课程学习。因为在这扇门的最深处，有你想知道的关于人性的一切秘密，有你想要的无法参透的人心的答案，有你此生通往个人心灵幸福的途径……

目 录
Contents

跟 乐 嘉 学 性 格 色 彩

Chapter 1

第一章

进入性格色彩的世界

一、领取你的性格色彩（测试）
　　FPA性格色彩测试的说明 / 016
二、"性格"和"个性" / 018
三、"行为"和"动机" / 024

第二章

性格色彩的优势与过当

Chapter 2

红色性格的优势与过当 / 042
蓝色性格的优势与过当 / 048
黄色性格的优势与过当 / 055
绿色性格的优势与过当 / 062

Chapter 3

第三章

性格色彩之情感世界

不同性格色彩女性的爱情观 / 072

蓝色和黄色男人如何追女生 / 079

恋爱中的"默默做"和"常常说" / 083

我就是说不出"我爱你" / 086

谁是真正的情圣 / 089

当女人说"我不要你管"的时候 / 092

恋爱三部曲：黏人——委屈——发作 / 095

谁会偷看(查阅)另一半的手机短信 / 098

男人也需要安全感吗 / 101

年轻女孩为何钟情老男人 / 104

喜欢大女人的男人——新恋母情结 / 109

小鸟依人的女子是谁的最爱 / 114

"假小子"都是哪种性格色彩 / 117

恋爱中谁是绝情人 / 119

失恋时不同性格色彩的表现 / 122

不同性格色彩在爱人生病时的表现 / 125

什么性格色彩可以在婚姻中百搭 / 128

不同性格色彩对于婚姻的选择 / 131

相同性格色彩的婚姻会如何 / 135

Chapter 4

第四章

性格色彩之职场关系

如何与不同性格色彩的老板谈加薪 / 140

不同性格色彩的执行力 / 146

谁最乐于助人 / 151

谁是工作中的"拖拉机" / 154

挖人时最有人格魅力的性格色彩 / 159

不同性格色彩的客户服务 / 163

不同性格色彩如何销售 / 171

不同性格色彩的时间管理 / 176

不同性格色彩如何开始 / 179

不同性格色彩如何避免踩进"开始"的陷阱 / 182

第五章

性格色彩之生活面面观

Chapter 5

不同性格色彩的炒股心态 / 194

不同性格色彩如何投资基金 / 197

不同性格色彩在购房中的差异 / 200

不同性格色彩如何减压 / 204

不同性格色彩对吃的看法 / 208

生活中各人有各人的"作" / 212

不同性格色彩的记仇 / 215

不同性格色彩如何对待朋友 / 218

不同性格色彩的倾听 / 221

不同性格色彩的幽默感 / 225

不同性格色彩的男人相亲 / 228

不同性格色彩的出租车司机 / 233

不同性格色彩如何出气 / 238

Chapter 6

第六章

FPA性格色彩钻石法则

FPA性格色彩钻石法则菜鸟入门招数 / 244

如何理解不同性格色彩的父母 / 249

如何引导不同性格色彩的子女 / 259

如何与不同性格色彩的伴侣相处 / 267

如何与不同性格色彩的工作伙伴相处 / 278

如何与不同性格色彩的领导相处 / 285

如何影响不同性格色彩的下属 / 292

第一章

进入性格色彩的世界

Chapter 1

在最符合你的句子前打钩，
每组只选一个答案，做完全
部三十道题目后，按提示分
序号计算。

一、领取你的性格色彩（测试）

测试前，请耐心细读以下文字：

在性格色彩培训班上测试的题目是一套专业版本。

本书中的简版，只是希望助你快速了解自己。由于不同读者认清自己的难易不同，对题中每个词的理解也不同，本测试的答案仅供参考。并非所有人在完成这份测试后，都能得到符合自己的真实性格色彩。如果希望全面地看清自己、读懂他人，只能参加不同级别的研讨会，也可通过阅读其他性格色彩相关书籍增进理解。

答题时请注意：

○每题只能选一个答案。做完后累加。

○所有答案不存在好坏对错，请勿犹豫，按照内心真实的声音回答。

○请选择"最真实的"而不是"最好的"。你答的是"我是谁"，而非"我该是谁"或"我想是谁"！

/ 乐嘉性格色彩测试 /

1

我的人生观是：

□A. 人生苦短，体验越多越好，有可能就多多尝试。

□B. 深度比宽度更重要，目标要谨慎，一旦确定就坚持到底。

□C. 无论做什么，人生必须要有所成。

□D. 不要太辛苦，好好活着最重要。

2

如果去野外旅游，在下山返回的路线上，我更希望：

□A. 好玩有趣，不愿重复，宁愿走新路线。

□B. 安全稳妥，担心危险，宁愿走原路线。

□C. 挑战自我，喜欢冒险，宁愿走新路线。

□D. 方便省心，害怕麻烦，宁愿走原路线。

3

在表达一件事情上，别
人认为我总是：

☐A. 让人觉得有趣生动。

☐B. 表述极精确。

☐C. 没有废话，直切主题。

☐D. 很温和很平静。

4

我希望人生是：

☐A. 变化的。

☐B. 安全的。

☐C. 挑战的。

☐D. 稳定的。

5

我认为自己在情感上的基本特点是：

☐A. 情绪多变外露，常波动。

☐B. 外表抑制不易觉察，但内心一旦挫伤难以平复。

☐C. 不拖泥带水，直接。

☐D. 恒温，少起伏变化。

6

控制欲上，我：

☐A. 有去带动感染他人的欲望，但自控力不强。

☐B. 用规则来保持自控和对他人的要求。

☐C. 有掌控欲，希望别人服从我，痛恨试图控制自己的人。

☐D. 从不想去影响别人，乐意别人做决定。

7

当与情人交往时，
我倾向于：

☐A. 尽情享受美好时光，爱意溢于言表。

☐B. 关照细腻，对对方的需求极其敏感。

☐C. 帮助对方成长是我最大的责任。

☐D. 迁就顺从的陪伴者和绝佳的聆听者。

8

在人际交往时，我：

☐A. 心态开放，快速建立人际关系，朋友多但深交的少。

☐B. 缓慢审慎地进入，一旦认定是朋友便无比长久交往。

☐C. 交需要交的朋友。

☐D. 顺其自然，相对被动。

9

我认为自己的本质是：

☐A. 有趣生机。　　☐B. 深沉内敛。

☐C. 坚强自信。　　☐D. 平淡和气。

10

我做事的方式常常是：

☐A. 赶在最后期限的前一刻完成。

☐B. 自己精确地做，不麻烦别人。

☐C. 快速做完，再找下一个任务。

☐D. 该怎么做就怎么做。

11

如果有人深深惹恼我时，我：

☐A. 内心受伤，当时认为绝不能原谅，但最终常会原谅。

☐B. 愤怒无法忘记，未来永远避开那个家伙。

☐C. 每个人都要为错误付出相应的代价，有机会要回应。

☐D. 常常算了，自认倒霉，尽量不提，避免难堪。

12

在人群中，我最希望受到：

☐A. 欢迎。　☐B. 理解。

☐C. 尊敬。　☐D. 接纳。

13

在工作上，我更多表现出的是：

☐A. 热忱，有很多想法与点子。

☐B. 追求完美且守诺可靠。

☐C. 行动迅速而有推动力。

☐D. 有耐心且慢步调。

14

我过往的老师对我的评价最有可能是：

☐A. 善于表达和抒发情感。

☐B. 严格保护自己的私密，有时会显得孤独或不合群。

☐C. 动作敏捷，独立，且喜欢自己做事。

☐D. 反应度偏低，比较听话。

15

朋友对我的评价最有可能的是：

☐A. 朋友中的开心果。

☐B. 值得信赖，非常靠谱。

☐C. 解决问题的高手。

☐D. 多听少说的老好人。

16

在帮助他人的问题上，我倾向于：

☐A. 不主动，但若他来找我，那就帮。

☐B. 选值得帮的人帮。

☐C. 我若承诺，必定完成。

☐D. 热心，经常自告奋勇提出帮助别人。

17

**面对不熟悉的人对
自己的赞美，我的
本能反应是：**

☐A. 没有赞美也无所谓，得到了也不至于欣喜。

☐B. 不需要那些没用的赞美，宁可他们欣赏我的能力。

☐C. 有点怀疑对方是否认真或立即回避很多人的关注。

☐D. 能得到赞美，总归是件令人愉悦的事。

18

面对生活的现状，我更倾向于：

☐A. 外面怎样与我无关，我觉得自己这样还行。

☐B. 我不进步，别人就会进步，所以必须不停前进。

☐C. 问题未发生前，就该尽量想好所有的可能性。

☐D. 人生苦短，只有开心快乐最重要。

19

对于规则，我内心的态度是：

☐A. 不违反规则，但可能因为松散而无法达到规则要求。

☐B. 打破规则，希望由自己来制订规则，而不是遵守规则。

☐C. 严格遵守规则，且竭尽全力做到规则内的最好。

☐D. 不喜被规则束缚，不按规则出牌，会觉得有趣。

20

我认为自己做事方面：

☐A. 慢条斯理，按部就班，能与周围协调一致。

☐B. 目标明确，集中精力为目标努力，善于抓核心。

☐C. 慎重小心，为做好预防及善后，会尽心操劳。

☐D. 思路跳跃，灵活反应。

21

在面对压力时，我常常：

- □A. 无助地等待。
- □B. 压力越大，抵抗力越大。
- □C. 自己慢慢消化压力。
- □D. 本能地回避，避不掉就用各种方法宣泄出去。

22

当结束一段刻骨铭心的感情时，我会：

- □A. 顺其自然。
- □B. 一旦下定决心，就努力把阴影甩掉。
- □C. 深陷悲伤，长期难以自拔，也不愿再接受新的人。
- □D. 痛不欲生，要找朋友倾诉，寻求安慰和化解之道。

23

面对他人的痛苦倾诉，我大多时候：

- □A. 静静地听，认同对方感受。
- □B. 做出判断。痛苦没用，要帮助对方解决问题。
- □C. 给予分析，安抚他的情绪。
- □D. 发表自己的评论，与对方的情绪共起落。

24

我在以下哪个群体中谈话较感满足？

□A. 心平气和，只要大家达成一致。

□B. 彼此充分辩论，最终有结果。

□C. 任何事都有条不紊地详细讨论。

□D. 随意无拘束，开心自由地谈话。

25

我觉得工作：

□A. 最好没有压力，让我做我熟悉的工作就不错。

□B. 只要能达成目标和成就，就必须做。

□C. 要么不做，要做就做到最好。

□D. 要像玩一样就太棒了，不喜欢的工作不想干。

26

如果我是领导，我内心更希望在部属心目中，我是：

□A. 可亲近的和善于为他们着想的。

□B. 有很强的能力和富有领导力的。

□C. 公平公正且足以信赖的。

□D. 被他们喜欢并且觉得富有感召力的。

27

我希望得到的认同方式是：

☐A. 有无认同都不影响我。

☐B. 精英的认同最重要。

☐C. 我在乎的那几个人认同就可。

☐D. 最好所有的人都认同我。

28

当我还是个孩子时，我：

☐A. 不太会积极尝试新事物，通常比较喜欢旧有和熟悉的事物。

☐B. 是孩子王，大家经常听我的决定。

☐C. 羞见生人，有意识地回避。

☐D. 调皮可爱，在大部分的情况下多动且热心。

29

如果我是父母，我也许是：

☐A. 不愿干涉子女或易被说动的。

☐B. 严厉或直接给予方向指点的。

☐C. 用行动代替语言表示关爱或高要求的。

☐D. 愿陪孩子一起玩，是孩子的朋友喜欢的。

30

以下有四组格言，哪组里符合我感觉的数目最多？

□A.　　最深刻的真理是最简单和最平凡的。

要在人世间取得成功必须大智若愚。

好脾气是一个人在社交中所能穿着的最佳服饰。

知足是人生在世最大的幸福。

□B.　　走自己的路，让人家去说吧。

虽然世界充满了苦难，但苦难总能被战胜。

有所成就是人生唯一的真正的乐趣。

对我而言解决一个问题和享受一个假期一样美好。

□C.　　一个不注意小事的人，永远不会成就大事。

理性是灵魂中最高贵的因素。

切忌浮夸，与其说得过分，不如说得不全。

谨慎比大胆要有力量得多。

□D.　　与其在死的时候握着一大把钱，还不如活时活得丰富多彩。

任何时候都要最真实地对待你自己，这比什么都重要。

使生活变成幻想，再把幻想化为现实。

和喜欢的人在一起做喜欢做的事就是最大的快乐。

/ "乐嘉性格色彩测试"的总数 /

现在把两部分的答案汇总在一起,你将得到你的"乐嘉
性格色彩测试"结果。

前1~15题合计数

A的总数（　　　）

B的总数（　　　）

C的总数（　　　）

D的总数（　　　）

小计　　　15

后16~30题合计数

A的总数（　　　）

B的总数（　　　）

C的总数（　　　）

D的总数（　　　）

小计　　　15

红色：前A+后D的总数（　　　）

蓝色：前B+后C的总数（　　　）

黄色：前C+后B的总数（　　　）

绿色：前D+后A的总数（　　　）

总计　　　30

FPA(Four-colors Personality Analysis)
性格色彩测试的说明

　　本测试可以领取属于你的性格色彩，同时也可知道自己大概的组合。例如，你在红色上的总数是25，毫无疑问，你是标准的红色性格；又比如，你的黄色是15，红色是11，其他各为2，你将是黄+红的性格。

　　总分中数目最多的字母，是你的核心性格，也就是你的天性中最重要的"动机"的性格。其他字母内的分数代表你整个性格中组合的比例。你的核心性格主色只有一种，不同的性格主色产生一个最重要的"动机"，而你的性格可能是一种，也有可能是两种的组合。

　　本测试题目旨在测试你的"性格"而非你的"个性"，测试你的"先天"而非你的"后天"。但仍会有一部分读者很难判断自身的先天力量和后天影响是如何交互作用的。如果你在做题过程中，严格符合测试说明，你将了解自己性格本源的力量，可以更加清晰地确认"我到底是谁""我为何会成为现在这个样子""我身上的哪些特质是与生俱来的""我的哪些特点又是后天修炼的"。

整体上你测试出来的结果最有可能的是以下12种情况：

- 典型的红色性格 ■　　· 红+黄 ■ + ■　　· 红+绿 ■ + ■
- 典型的蓝色性格 ■　　· 蓝+黄 ■ + ■　　· 蓝+绿 ■ + ■
- 典型的黄色性格 ■　　· 黄+红 ■ + ■　　· 黄+蓝 ■ + ■
- 典型的绿色性格 ■　　· 绿+红 ■ + ■　　· 绿+蓝 ■ + ■

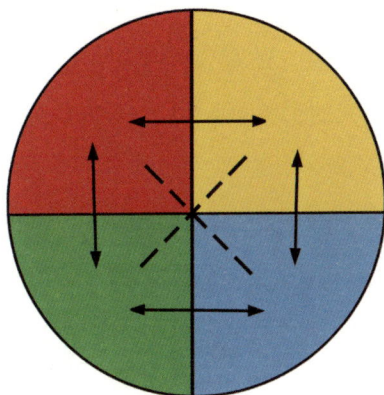

在FPA®性格色彩的组合中，只有上下关系和左右关系的八种组合，没有对角线的组合。

在性格组合当中，同样的色彩搭配因为主色和次色的顺序不同，会形成整体风格接近但具体行为有诸多细微差异，诸如红+黄与黄+红，两类性格皆属于"红黄配"，但前者因为主色是红色，因此比后者更加注重人生的"快乐和自由"；而后者因为主色是黄色，因此比前者更加注重人生的"成就和控制"。

"性格"与"个性"

"性格"与"个性"的区分：性格是天生的，所谓性格就是原本的我；个性是后天的，所谓个性就是现在的我。

性格这玩意儿并不像血型的规律那样，总能找到父母的血型和子女血型具备某一对应关系。到目前为止，在所有的调查和分析中，还未发现任何性格色彩可和遗传必然关联的依据。换句话讲，两个红色父母可能生出来一个蓝色或黄色或绿色的宝宝，当然也有可能是一个更红的精灵。

据我的母亲大人揭发，红+黄的乐嘉先生和绿色的弟弟诞生前，在娘胎里的蠕动迥然不同。相比之下，前者的拳脚功夫甚是了得，自打怀胎16周起，每日早晚练功，害得老娘心脏乱跳，煞是辛苦；而后者就连做伸展运动都是那么温柔舒缓，大多时候只是安静小心地蜷缩成冬眠状。后来在一家母婴护理公司工作的经历，让我有幸目睹了各种婴儿的不同表演，无论是哭声频率和声贝高低，还是在床上翻滚的勤劳程度，不同性格都相差甚远。

"性格"和"个性"

性格是天生的
所谓性格就是原本的我

两个A型的父母
只可能是A型的宝宝

个性是后天的
所谓个性就是现在的我

但是两个红色的父母

性格这玩意儿并不
像血型的规律那样

血型　　　性格

可能生出来一个蓝色
或黄色或绿色的宝宝

下面通过不同性格色彩的孩童如何让父母买哈利·波特魔法帽，看出他们为达到目的的不同表现。

红孩儿与老爹上街见到橱窗中的哈利·波特魔法帽，立马提出购买，老爹不肯，小儿于是扯开喉咙耍无赖。若是老爹硬下心肠一走了之，小儿一面在指缝中偷看，一面假装声嘶力竭直至老爹销声匿迹，确认所求无果后，只好作罢，满脸鼻涕灰溜溜地回家。没想到家中有套新买的《樱桃小丸子》，小儿遂喜笑颜开，早把魔法帽一事扔到九霄云外。

蓝孩儿与老爹上街见到橱窗中的哈利·波特魔法帽，伫立不行双目注视，老爹在前催促，小儿口应腿不应，待老爹走回跟前，问："爹，最近我表现如何？""你是否说过表现好是有奖励的？""那你觉得这个魔法帽怎么样？"待到老爹醒悟，施以缓兵之计，推脱今日囊中空空不便购买，容后再说。小儿回家后半月内一言不发，举座皆慌，老爹这才反应过来，魔法帽一事其实并未了结。

黄孩儿与老爹上街见到橱窗中的哈利·波特魔法帽，会说："老爸，买一个。""我们同学都有，不买下回你参加家长会的话，很没面子啊！""没钱？你刚才偷偷买烟都给我看见了，你不买，回家我就把这事儿告诉我妈。"老爹若走，小儿不哭不闹，静坐橱窗前，直到老爹回头找他，双手投降。若老爹不予理睬，回到家中再迂回进攻老爹的爹和娘，反正要直到魔法帽到手方才罢休。

绿孩儿与老爹上街见到橱窗中的哈利·波特魔法帽，步法仍旧中规中矩，见到他人手中有，面不改色心不跳，仍旧一副"不羡鸳鸯不羡仙"的表情，连要求也不愿向老爹去提。

现在，问问你自己，你自己可能倾向于哪种呢？这种买玩具时的招数和反应上的巨大差异，从来没人去教，一切都是那样的浑然天成。如果你生活在见了咸菜夹窝窝头都流口水的年代，温饱成忧，遑论玩具，那就请你仔细思索这四种性格的人面对自己内心欲求时的反应是什么。

我相信性格是天生的。有不少专业人士可能并不同意，那也许是因为当他们在使用"性格"这一词汇时，与我的定义不相同。他们认为后天的环境等诸多因素的影响，会对个人性格起到绝对作用。而在FPA性格色彩中：

"性格"是天生的，所谓"性格"就是"原本的我"；
"个性"是后天的，所谓"个性"就是"现在的我"。

关注"现在的我"，可以让我们知道"我如何成为现在的我"以及自己下一步的发展方向。主观上，个性与自我修炼密切相关，而个性修炼的至高境界与道家文化中阴阳平衡的思想同出一辙。"个性修炼"意味着需要我们发挥自己独特的强势，逐渐去除自身的一些盲点和局限。同样也要求我们欣赏别人的性格色彩，并自愿地运用他们的优势完善自己。

有人时常抱怨"上天不公"，然而至少在这一点上，老天爷无

买玩具

通过一个买玩具的例子，可以看出不同性格色彩差异

蓝孩儿

嘿，不买这个月不理你们

红孩儿与老爸上街

555~
我要买，
我要买

黄孩儿

你一定要给我买！

但是回到家中，看到新买的樱桃小丸子，顿时喜笑颜开

早忘了魔法帽

绿孩儿

无所谓

比公平，那就是当赋予你性格时，一定是将性格本色中的优势和局限同时给你。**我们每个人无法为自己天生的性格负责，但是我们每个人都必须为自己的个性负责。**

对于"性格决定命运"的说法，我向来敬而远之。果真如此，如前所述性格是天生，那岂非意味着生下来命运已定？故此，FPA性格色彩更强调不是"性格决定命运"，而是"个性决定命运"。

"行为"与"动机"

FPA性格色彩与其他性格分析系统的表面差别，是分类的符号不同，然而真正的核心差异是：每种性格色彩的内部都有一个核心动机。所谓**动机**就是"为什么做"，而所有外在的**行为**只是"做什么"。知道"为什么做"比"做什么"要重要得多。换句话来讲，我们要探寻的是人类行为背后的根源，而非仅看到行为的表象就心满意足地以为都懂了。

动机就是"为什么做"，行为就是"做什么"。

不同的行为背后有不同的动机

以上一节中的"买哈利·波特魔法帽"为例，我尝试诠释四种性格所表现的行为背后的真正动机。

"行为"与"动机"

红色的动机——快乐。买魔法帽的终极目标也是快乐，如果不买，快乐没了，自然就哭，发现有新的快乐（得到连环画）来临，旧的苦恼（没有魔法帽）也容易遗忘。

蓝色的动机——完美。对人际关系的完美需求，表现为强烈地希望他人可以理解自己。故而宁愿以含蓄来代替直接的方式表达

不同的行为背后有不同的动机

我们看一下不同性格所表现的行为背后的真正动机.

黄色的动机--成就

红色的动机--快乐

绿色的动机--稳定

蓝色的动机--完美

行为
动机

以上你看到的是对于不同行为背后真正内心动机的剖析.

自己的需求，当对方无法理解或者承诺不兑现时，蓝孩儿的内心十分痛苦且情绪久久不能释怀。

黄色的动机——成就。在购买魔法帽的整个过程中，黄孩儿设定下必须要达成的目标，并采取各种方法掌控局面，不达目标誓不罢休。

绿色的动机——稳定。他们本身的变化和需求不多，更多扮演给予者而非索取者的角色。绿孩儿也不愿意随便去麻烦他人，故此，他们需要魔法帽的愿望不如其他三种性格强烈。与此同时，如果大人不开口，他们也不愿意随便提出，让家长为难。

"FPA性格色彩"真正的强大威力，是在对相同行为背后的动机进行剖析时才开始一展身手，让我们从"子女离家出走"的现象中稍事探讨。放眼望去，举国上下，不少家长只会用"现在的小孩都是独生子女，极为叛逆，难带，很难带啊！"这样的话语来进行搪塞，为自己教育的无力盖上一块遮羞布。

哪种性格色彩会离家出走

蓝色和绿色少有离家出走的行为，红色和黄色却常有拔腿就

哪种性格色彩会离家出走？

蓝色和绿色少有离家
出走的行为

绿色孩童通常是最没有
离家出走倾向的

红色和黄色却常有
拔腿就走的倾向

红色脑门一热，就以离家
出走给爹娘点颜色瞧瞧，
不过是想吓唬爹娘而已

蓝色不离家出走，因为天性
中强大道德力量的束缚和
对于规则的无上遵守

黄色的孩子却是要表明
内心深处强烈的反抗

饿死也不回头

走的倾向。蓝色和绿色两者虽然少见，但是两者的内心动机多有不同。绿色孩童通常是最没有离家出走倾向的——老大打碎碗后逃掉，绿色的老二像小猪麦兜似的站在那里，老爸以为是他干的，打得他皮开肉绽也不见申辩和反抗。这种孩子即使拿棍棒赶他都很少出走，所以"叛逆"两字是八竿子也打不到绿色头上的。

而当蓝色受到压迫时，尤其是当遭到委屈和误会时，一定会用沉默来传达更大的愤怒和反抗。他们不离家出走，只是暂时因为天性中强大道德力量的束缚和对于规则的无上遵守，但这并不代表他们没有欲望，这与绿色的孩童有着本质的不同。

红色和黄色是离家出走频率最高的性格。然而即使他们都有同样离家出走的行为，他们背后的动机完全不一样。红色的孩子主要是因为情绪激动，脑门一热，就以离家出走给爹娘点颜色瞧瞧，其实不过是想吓唬吓唬爹娘而已，在外流浪一圈，没东西吃了，自己就会跑回来；而黄色的孩子却是要表明内心深处强烈的反抗，和希望掌控自己命运的强烈愿望，通常出去以后为了显示自己的路线一贯正确，强烈坚持"饿死也不回头"的信念。在所有性格的孩童中，真正在叛逆和离家出走问题上最令人头痛的，当属这样的孩童。

同一行为背后可能会有不同的动机。了解人性的基础是"动机"而非"行为"，知道他人"为什么做"比"做什么"更重要。遗憾的是，大多数家长从来没有受过做个合格父母的教育，我们想当然地以为孩子和自己一样，我们不懂得"孩子不同，需求不同"。包括学校里的老师也一样，很多教育工作者口中呐喊"因人而异，因材施教"，其实却用一刀切的方法来解决所有问题，这才让我们目睹无数教育悲剧的发生。

如果只注意表面而忽略了内在，那么我们很可能无法判断正确的性格色彩。

区分行为背后的真正动机

"行为"背后的"动机"，好比冰山下隐藏的暗流，我曾为此内心震荡。

当年从事销售培训时，为训练学员的勇气，要求众人上街与陌生人对话，这对于一些人来说是件困难的事。为了鼓励他们迈出这艰难的一步，我径直走到门前打开房门，看到一位笑嘻嘻的像是做销售的小伙子，问他是否愿意进来待几分钟接受访谈，那位小伙子同意了。请他进来后，我和他寒暄了几句，发现他从进门就一直保持着一张笑脸没有变过，面对一群兴奋而好奇的学员我也没看出他的紧张。我很诧异，就问他："我们谈了五分钟，你始终保持微笑，为什么？"他低下头想了想说："好吧，如果你真的有兴趣，我就告诉你。我出生时有类似兔唇的症状，家人设法把我送进医院，可惜手术并不成功，所以看上去永远都像在笑。很多人认为手

区分行为背后的真正动机

"行为"背后的"动机"，好比
冰山下隐藏的暗流

在于知道"做什么"
背后的"为什么"

? why ? what

了解人类内心世界的
关键在于"动机"

如此，我们才能学习如何
妥善地调整自己的内心状态，
改进我们的人际关系

术很棒，然而我想知道的是，有这样一张永远一成不变的笑脸，当
内心悲痛时，如何才能表达出来让他人知道呢？"教室变得异常安
静。我现在请问各位，你们看到这里又做何感想呢？

许多人在内心哭泣时，周围的人一无所知，而我们经常在并不
十分了解他人内心感受时，恣意地判断或批评。不幸的是，我们对
于自己，也常犯错误而不自知。大多数人只是观察有限而肤浅的表

面和行为，且以此为满足。可是了解人类内心世界的关键在于"动机"，在于知道"做什么"背后的"为什么做"。如此，我们才能够学习到如何更成功妥善地调整自己的内心状态，从而更好地改进我们的人际关系。

比如说，许多人都以为自己应该喜欢一些其实天生根本没兴趣的活动。你可能以为自己喜欢IT，因为你生长在一个遍布理工科高才生成员的家庭，而且家里IT工程师济济。然而，红色的你可能天性中根本不喜欢从事和IT有关的工作。虽然你可以熟练地编写C语言或有轻松地拆卸并安装所有计算机的超强技能，但当你发现自己喜欢时尚，并且富有强劲的时尚嗅觉而尤甚于IT时，却突然着实松了一口气。一个人在多年控制及否认内心真正的喜好以便取悦他人之后，可能不再会察觉那些喜好到底是什么。因此，要辨别性格的动机和个性的行为里各有什么，可能是一条漫长的艰辛之路。朋友，不要焦躁！

"动机"无法改变，"行为"可以训练。

了解自己天性中的动机对你的人生来说意义非同凡响。我想要说明的是：你的动机——你内在的真实部分，是无法改变的。

王小波先生对此的描述是："一个人快乐或悲伤，只要不是装出来的，就必有其道理。你可以去分享他的快乐，同情他的悲伤，却不可以命令他怎样，因为这是违背人的天性的。众所周知，人

可以命令驴和马交配，这是违背这两种动物天性的，结果生出骡子来，但骡子没有生殖力，这说明违背天性的事不能长久。"严格意义上来说我只是强调，天性中的动机无法被改变。以下是我从银行会计和保险推销员的职业经历中得到的验证。

众所周知，银行会计的工作性质要求眼比斗大又心细如发，将每一个可能的错误坚决地像对待阶级敌人般防患于未然，并以"宁

众所周知,会计的工作没有比蓝色天性更擅长的了

即便红色在银行时,也会做事谨小慎微,万物摆放有条不紊

然而这并不意味着所有的会计都是蓝色

然而一旦回到家中,立马露出原形

可错杀一千,绝不放过一个"的心态围剿任何细微的错误,这些再没有比蓝色天性更擅长的了。然而这并不意味着所有的银行会计都是蓝色,可是我们不能否认,如果你希望胜任这份职业,经过足够的熏陶和训练,即便粗心如红色者在银行时,也会做事日渐谨小慎微,万物摆放有条不紊,在工作场所中的行为越来越向蓝色靠拢。然而,一旦脱掉工装回到家中,红色立马露出原形,东西随意且不

拘形式地摆放可能更让红色感觉自在，即便东西放置得再规整，也仍旧无法改变红色内心对于自由和不受拘束的向往；而对于蓝色来讲，将物品陈列条理和整洁本身，就是极富艺术品位并具备无限美感的事，两者相差之大可见一斑。

当你通过"FPA性格色彩"更深入地认识你自己及他人时，你会发现，在一个更奥妙的层次上，"FPA性格色彩"将完整呈现所有心理上的可能性，并将你自己在所有性格中潜在的不同部分显示出来。虽然每个人在天性里的性格无法改变，但是经由修炼，我们可以达到最终的个性平衡。

第二章

性格色彩的优势与过当

Chapter　2

生命就像一条大河

生命中
经常有许多困惑

有的人
追求目标就是他的命根子

有的人
情感丰富且外露

有的人
温和平顺，随波逐流

有的人
情感细腻且内敛

那么你呢？

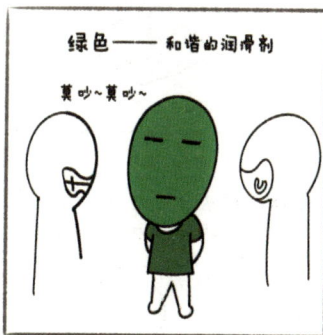

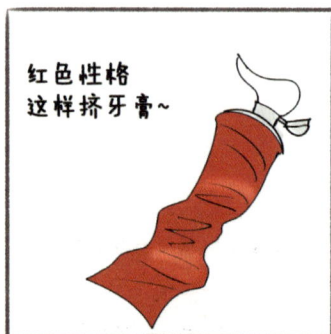

红色性格
这样挤牙膏~

有黄色性格的伴侣会这
样对你

按照我的
方法来改,
我的是对的.

蓝色性格
这样挤牙膏~

而绿色的则是:

我管我,你管你,我不会去管
你,但你若管我,我听你的.

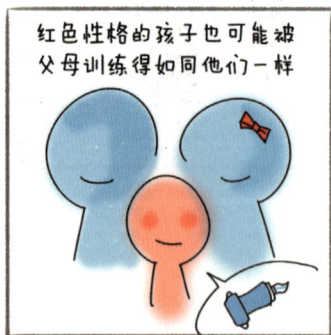

红色性格的孩子也可能被
父母训练得如同他们一样

我身边
的人是
怎么挤
牙膏的
呢???

红色性格的优势与过当

阳光般的乐观心态

　　"积极的人像太阳，照到哪里哪里亮；消极的人像月亮，初一十五不一样。"用这句话来形容红色和蓝色的不同再恰当不过了。红色总能够在一大片乌云上看到彩虹，也许你会看到他也有泄气的时候，不过很快这种沮丧便会被新的吸引点转移。就像红色看到半杯水，说："太好了！还有半杯水呢！"蓝色却说："真糟糕，只剩下半杯水了……"

开朗热情，朋友遍天下

　　我的字典里没有"陌生"这两个字。

红色的优势

红色有着阳光一样的
积极乐观心态

在对于朋友的定义上，
红色秉持的是：

普天之下，莫非我友

红色以喜悦拥抱
每一件事情

乐于助人

开朗热情，朋友遍天下

有着"好了伤疤忘
了痛"的不记仇心态

在对朋友的定义上，蓝色秉持的是"人生得一知己足矣"的人生哲学，红色则是"普天之下，莫非我友"的人生态度。对大多数销售人员来讲，红色在最初阶段，上手非常快，因为他们有着广泛的人际关系。

乐于助人，天生不记仇

红色积极主动的天性，使得他们充满爱心并对外界事物密切关注。生活中那些经常自告奋勇为大家做事的人基本上都是红色。

红色并非天生豁达之人，他们也容易和他人冲突。为何相比较黄色与蓝色，红色的冲突不如他们强烈？细细审视，主要是因为红色"有错就认"和"不记仇"。

善于表达，调动气氛

红色出众的表达能力，往往并非来源于后天的刻苦训练，而得益于他们天生的感染力以及与生俱来的表现力。

也因为红色天性中的表现欲和内心希望受到他人关注的强大情结，他们的表现力总是那样让人拍手叫绝。而红色善于调动气氛的能力，会让他轻而易举地成为聚会上的灵魂人物。

【过当】

聒噪咋呼，惹人厌烦

红色极强的表现力和感染力是他们与生俱来的优势，然而因为内心对"受到他人关注和欣赏"的渴求，当他们无法遏制时，很容易被贴上"爱出风头"的标签，这在他们童年时便可见端倪。

上天赐予他们吸引听众注意的能力如果善加运用，他们会是天生的演讲者；如果被滥用，他们不停地喧嚣、持续希望别人永远关注的特点会惹人讨厌。

口无遮拦，缺少分寸

红色的很多麻烦不可避免地与嘴巴脱不了干系。红色性格需要随时提防的是，他那张嘴巴有时会给自己闯祸。

红色乐于分享的本性，总能让他们听到秘密时，内心有强烈的分享的冲动。所以，如果你想把一件事情传给全公司的人都知道，你只要找到一个红色，然后对他说："我告诉你一个秘密，只有你一人知道，你千万不要把它告诉给其他人哦。"很快，全世界都会知道。

红色的过当

情绪波动，要死要活

"情绪化"排名红色事业的致命伤害之首。将这个问题提高到如此高度，是因为红色的情绪化，会任由情感来指引和操控事业的进程。当红色决定把自己的未来和人生交给情绪，而不是交给自己来控制时，意味着他们准备"破罐子破摔"。

红色的麻烦在于，任何一个挫折都可能会引发不稳定，而这种不稳定会让周围的人感到恐惧，从而没有办法让人把更重要的任务和机会交给他。换句话来说，红色自己的波动，不仅波动了情绪，还把他的机会给波动走了。

随意性强，变化无常

红色"变化无常"的主旨是"计划不如变化快"，他们钟情"计划无用论"，乐意享受拍脑袋做事的风格。

红色是那么不喜欢生命中会被什么约束，因此做事宁愿不做规划而临时应变，并总用"车到山前必有路"作为自我开脱的说辞。

蓝色性格的优势与过当

思想深邃，独立思考

用人类的灵魂、智慧、精神来形容蓝色是毫不为过的。因为蓝色在大脑上的高度发达，在天性上他们被赋予了独立思考、不追随潮流、尊重自己的主见和思考问题上的深度。

蓝色喜欢不停地问为什么，故少时便有"十万个为什么"之称。他们喜欢钻研和发明，喜欢拆卸模型和玩具。童年时的蓝色与其他性格的孩子相比，就显现出与众不同的严肃和认真，即使是在襁褓里，蓝色在不哭不闹时，也总是眨着他们古灵精怪的小眼睛，似乎一直在思考着什么问题。

舞台上的很多高手也许是红色，但是真正大师一级的人物却是蓝色。

蓝色的优势

成熟稳重，细腻贴心

蓝色是完美主义者，在骨子里面他们期待做得更好。如果你有充足的证据和事实证明这件事情是可以做的，他们要在确保一切无虞后才会行动。

蓝色尊重道德规范和秩序，这让他们在面对痛苦的情况下，轻易不会出头抗争，宁可采取牺牲自己的方式来解决问题。

两性情感中的蓝色带给伴侣的感动之处在于，连你也不记得的事，他都会记得。如果蓝色关怀一个人，他会试图去了解你、洞察你，为你做你需要的事情。他们是那么不屑于用语言表达内心的情感，更不要说轻言赞美了。

一诺千金，忠诚情谊

生命对蓝色来说，就是一系列的承诺，他们会毫无保留地把自己奉献给一份值得珍惜的情谊，肝胆相照，声气相求，恩德相结。由于他们在人际关系上注重深入，他们的友谊往往可以长达一生。

蓝色是高度可靠的朋友，他们把口头上的任何诺言等同于笔墨般的书面约定，他们本人对自己能够维持如此长久的关系引以为豪，这样的忠诚使蓝色比任何其他性格都能够享受更丰富和深厚的情谊。

讲究精确，迷恋细节

对蓝色来讲，一旦规则制定，所有的人都必须严格遵守，蓝色通常高度尊重法律和秩序的权威性，与此同时，他们也欣赏他人对高格调和高条理性的追求。

蓝色喜欢将东西摆放得整整齐齐，世界松散的一面令他们感到沮丧，并有强烈的意愿去调整无序变成有序，这样他们才能感受到些许的满足感，这就是蓝色那么喜爱收拾东西的原因。

蓝色喜欢准确，这强烈地受到他们完美主义的驱动。对蓝色来说，任何值得做的事情，必须做到最好。他们对标点符号的正确与否和页眉页脚是否对齐都能够轻而易举地发现，并不厌其烦地加以改正。

【过当】
消极悲观，迂腐封闭

蓝色是最喜欢抱怨的性格。蓝色从来没有意识到他们与生俱来的消极思维，配合上喋喋不休——唐僧式的喋喋不休，抱怨的挑剔的唐僧式的喋喋不休——足以对其他性格产生摧毁性的打击。这种打击的核心在于，破坏了他人美好的情绪。如果蓝色不能去除"没什么好""哼，我不觉得""我早就说过，这么做不行吧"之类的口头禅，他们自己的生活也将沉陷在一片凄风苦雨之中。

蓝色的过当

消极悲观，迂腐封闭

蓝色经常很严肃，让人压抑，很有距离感

蓝色的杞人忧天有把问题想象得无可救药的倾向

杞人忧天

敏感多疑

你这话什么意思？

沉溺往事

郁闷难解

脆弱自怜

蓝色好悲观和担忧，什么事都总使劲朝坏处想，做起事来很慎重，一失败或受损害就恐惧，又十分在意周围人的评价，总是首先想到不要让人家在背后指指点点。而完美主义倾向又让他们对自己丧失了最起码的合理自信，在行为上容易呈现优柔寡断、忧心忡忡、畏首畏尾、踟蹰不前的特点。

敏感多疑，脆弱自怜

"你这话什么意思？"把这句话当作口头禅的大多是蓝色，他们的敏感也让他们多疑。

蓝色会将别人的每句话进行技术分解，更要命的是通常最后的结论更多倾向于负面而非正面，倾向于消极而非积极，倾向于悲观而非乐观。蓝色是所有性格中最喜欢讲反话的人，这种反话让人感到"阴"和"酸"，让你像得了风湿性关节炎般的难受。作为蓝色的他们，出发点也许不坏，本意并不一定是口中说出来的那样，只是如此让旁人实在难以接受。

心机沉重，相处困难

你为什么不直接说？

因为蓝色有强烈的希望别人能够理解自己的意愿，他们在表达方式上难免拐弯抹角，他们希望用暗示的手法来解决所有的沟通障碍。遗憾的是并非所有人都能够理解，这也就是他人觉得蓝色说话很不直爽，显得有点小家子气的原因。

蓝色很想被他人理解，可是又讨厌自我剖析并袒露心声，觉得那样的坦白会失去了沟通原本该有的意义，他们希望有人能有耐心来读懂他。当他人无法理解时，他会失落，当他向对方传达意思时，倾向于暗示而非直截了当。

要求苛刻，压抑紧张

蓝色是长时间心情很难得到放松的性格，典型的不健康的蓝色容易长时间处于悲痛、愤怒、郁闷之中，对身体的伤害要远胜一场严重的疾病。蓝色的感性总是超越理性，一旦情绪激烈，悲愤的情感总是充斥着自己，对与自己意见不合的人，很可能将对方推到对立面并把矛盾无限激化。这样也就难免导致矫枉过正，虽然痛快却也造成了很多不必要的矛盾。

蓝色要求社会和他人都像自己一样有上进心、有正确的道德观。但事实上，周围的世界并不像他所期待的那样完美，为此他们失望和愤怒。而当蓝色犯错时，他连自己都不愿意宽恕，又怎会轻易宽恕别人呢？

黄色性格的优势与过当

【 优 势 】

目标导向，永无止境

以目标和结果为导向，不达目标，誓不罢休，是黄色从来就清楚知道的。

在黄色朝目标前进的过程中，若有谁敢于表示丝毫的怀疑或者不信任，这不啻是对黄色能力的莫大侮辱和挑战。由此引发的结果是在黄色的心中埋下一颗暗暗发狠的种子，这颗种子在黄色内心不断孕育，发芽成长，直到目标达成的那一天。

黄色似乎很少有知足的时候，他们总是给自己定下一个又一个的目标去达成。成大事的黄色，都不能容忍平淡无奇的生活状态，渴望体验斗争的乐趣。

黄色的优势

求胜欲望，战胜对方

如果说"以和为贵"对所有性格的人来讲，只有绿色是不需要学习就可明白的；那"胜者为王，败者为寇"就是为黄色专门量身定制的。黄色似乎不需要任何指点，在天性中就具备识别强弱的能力，与此同时，他们以此作为自己人生的座右铭，并乐此不疲地每日教诲自己"强者生存，弱者淘汰"。

与人斗，其乐无穷

黄色对斗争的欲望无处不在，即便不能真的怎样，在口头上表示自己的硬朗和正确，对他们来讲也是过瘾的。

你不得不佩服黄色的坚定和执着，他们希望能够战胜别人，让别人服输的那种欲望几乎纵贯他们整个生命的任何细节。黄色在与天斗、与人斗、与己斗的过程中体验到自己人生的价值。

坚定自信，抗压力强

我无法忍受我不是上帝。

黄色对目标的执着，让他们认定逆境是一个伟大的教师，他们笃信那些一生都走着平坦大道的人是培养不出力量的。黄色性格通过逆着潮流而不是顺着潮流游泳，培养出自己的力量。

而且黄色从不相信眼泪。

【过当】

自以为是，死不认错

在黄色的眼里，"经常正确"="总是正确"，所以不少黄色用他们的实际行动，昭告天下自己不肯认错的两个境界：第一个境界是"明知有错，死不认错"，第二个境界是"本是圣贤，怎会有错"。

黄色要求别人不犯错误，自己却犯错误；要求别人承认错误，自己却死不承认。他们喜欢处于支配地位，让周围的人处于服从地位，这样才觉得安全。因此，他们常常打破他人加在自己身上的规则，来表现强大。他们讨厌行动受到限制，既想拥有建立规则的权力，也想拥有打破规则的权力。所以常常自相矛盾：要求别人遵守规则，自己却频频违反规则。他们是典型的"只许州官放火，不许百姓点灯"。

黄色的过当

自以为是 死不认错	黄色有两条人生法则： 第一，我永远是对的； 第二，如果我错了，请看第一条法则。
黄色通常会在别人身上看到过错。当着众人的面永远觉得自己是对的。	控制欲望 操纵心强
好为人师	黄色不但希望能够掌握自己的命运，同时希望能够控制他人的生活。 执牌人是我

强硬严厉，喜欢批判

因为黄色的批判性和过度严厉，通常会让周围的人有"伴君如伴虎"的感觉。胆子大点的黄色，像魏征那样摊上个明主李世民的毕竟是少数，大多数就和韩信的结局一样，最后弄个以下犯上，诛灭九族；耿直一点好比司马迁的蓝色，结果宫刑示众，"杀一儆百"；而红色发现蓝色和黄色都没有什么好下场，结果就会敢怒不敢言，只能背后发发牢骚；发现旁边的人都岌岌可危，本来就不愿发生冲突的绿色，除了点头称是、低头作揖，"大人言之有理"以外，更被吓得不敢多说什么。

控制欲望，操纵心强

黄色不但希望能够掌握自己的命运，同时希望能够控制他人的生活。作为最善于发出言辞要求的性格，黄色的父母对孩子有强烈的期待——小到梳什么头发，大到将来做哪一行，都要发表主导性意见。如果你不听从，黄色会坚定不移地推动威逼，直到你听取他的意见为止。即使是黄色的孩子，也懂得运用他们最原始的武器"哭声"，来向周围的人传达明确的"你们都要听我的"的信息。

黄色对别人操纵权力和行使主导权十分警惕。认为对那些自以为是的家伙就应该毫不留情，殊不知他们自己有时也自以为是。他

们讨厌为他人所左右，希望把他人的影响降低到最小限度，总想了
解有关周围人的一切，以便排除未知因素，把握局势。在他们讨厌
为他人所左右的同时，他们也无时无刻不希望左右他人。

富攻击性，心存报复

　　因为黄色喜欢去下达命令和指使他人，当遭遇挑战时，会马
上变得充满攻击性和咄咄逼人，这与他们趾高气扬的本质是很难
分开的。对冒犯他们的人，黄色会毫不留情地坚决还击，他们追
逐自己想要的东西而忽略尊重他人的情绪。黄色，是典型的侵略
性格。

　　我们一直将"报复"置于道德败坏的层面予以鞭挞。从性格角
度分析，"报复"是因为黄色的内心难以控制追逐胜利的欲望所导
致的问题。

绿色性格的优势与过当

中庸之道，稳定低调

　　绿色文化的精华说起来就是一种追求和谐的文化，不讲求过度的文化，点到为止的文化，得饶人处且饶人的文化，留得青山在、不怕没柴烧的文化，强调平衡的文化。

　　绿色也是典型的温和者，就像水是他们的吉祥物一样，他们无孔不入地绕过生命的险阻，而非一定要铲除路中的障碍。绿色和善的天性充满了温柔的吸引力，他们对所遇之人几乎都保持着仁慈和柔软。

乐天知命，与世无争

　　绿色知足又没脾气，他们对生命提出的要求不多，他们经常不

绿色的优势

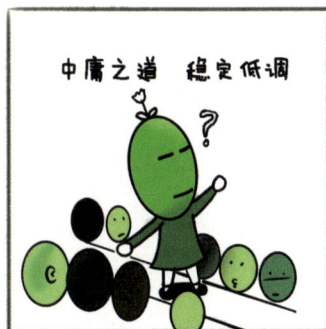

中庸之道　稳定低调

绿色很容易超脱游离出政治斗争之外，因为他们对金钱和权力的欲望不执着

绿色也是典型的温和者

点到为止

得饶人处且饶人

和谐

镇定自若　处事不惊

乐天知命　与世无争

绿色天性中的平静，让他们自然地保持杀手本色直到最后，并赢下战斗。

吝付出，能体验到这种心灵开放的包容状态是极其幸福的。绿色很容易超脱游离出政治斗争之外，因为他们内心深处对金钱和权力的欲望并不执着。

绿色是自得而悦人的个体，很能够接纳生活中的任何人，他们能够契合所有不同颜色的性格，而不用担心行为差异上的南辕北辙。他们和善的天性及谦逊的为人，为他们赢来许多忠诚的友谊。

天性宽容，耐心柔和

你走你的阳关道，我走我的独木桥。

绿色有了困难，不愿向别人开口；被别人借了钱，为不破坏人际关系，也不好意思去要；他人有失当之举，不去理会；自己被别人误解了也不愿花力气解释，时间长了别人明白过来反而不好意思，更容易做日久天长的朋友。所以绿色多的地方，必多和气而少戾气。

先人后己，欲取先予

绿色常倾向点一道名菜——"随便"。此中缘由：一方面不排除绿色觉得动脑筋太麻烦，懒于做决定；然而更重要的也许在于，大多数绿色担心，自己的决定万一有人不喜欢，岂非很为难他人？为了不伤害他人或不让他人不爽，绿色宁愿将选择权交给他人，乐得一片和气。绿色就是这样处处为别人考虑的人。

绿色因为天性中不喜欢与他人争的特点，在生意场上也就能得让人处且让人，而非据理力争，也少有要置他人于死地的想法，本着"夹着尾巴做人，老老实实过日子"的精神。如同帕森斯的经营哲学，绿色在做生意的过程中也奉行"你赚我赚大家赚"的基本原则，且有时会让自己损失一些，来博取长远的合作机会。

【过当】

懦弱无刚，胆小怕事

压抑的绿色是所有人当中活得最累的，因为心里是怎么样的想法，永远不表达出来，而面对外人却总展现最美好的一面，只有在安静时，才会去想怎样能让自己开心点。无论自己有多痛苦，表面永远平静谦和，而只要看到别人快乐，就算受点委屈也没有关系。有时我会用"虚伪"两字来批判绿色，倒并非他们不真诚，只是实在与性情中人无缘，他们为了制造一个所谓的"安定无事"而甘愿委屈自己，有时付出的代价就太大了。

绿色的过当

懦弱无刚　胆小怕事

绿色宁可在长痛中苟活,
也不肯在短痛中奋起.

压抑的绿色是所有人当中
活得最累的, 心里的想法,
永远不表达出来

官怕冲突

该出手时不出手

绿色会打着"吃亏就是占
便宜"的招牌麻痹自己

该出手时不出手

绿色一味地宽容最终会纵容别人。因此在婚姻战场上，他们的另一半可能在外为所欲为，最终酿成了他们自己的人生苦果。宽容是绿色的优势，而纵容却成了宽容镜子后的阴影。绿色对骑在头上的红杏出墙，若是视而不见，那恐怕就要给人家送上一副对联伺候了：上联"只要日子过得去"，下联"哪怕头上有点绿"，横批"忍者神龟"。对于绿色而言，反抗是痛苦，不反抗也是痛苦。

绿色宁可在长痛中苟活，也不肯在短痛中奋起。绿色也许在付出沉重的代价后，才能学会不要太在意别人的反应，学会敢于表达自己的立场和原则。

害怕冲突，缺少主见

如果说"恐惧环境"和"担心被骂"是被动地避免矛盾，那么"害怕冲突"就是主观的自欺欺人。其基本逻辑就是，如果我提出要求就会产生冲突，索性自己吃点亏就算了。好比在火车上，旁边的人睡觉打呼噜超级响，绿色只好整夜用被子蒙头，仍然无法入睡，直至天明两眼斗大，却是哈欠连天。他们打着"吃亏就是占便宜"的招牌麻痹自己，在某种意义上纵容别人来欺压自己。

　　绿色一直觉得自己没有主见，就算伤害，也是伤害自己，谈不上伤害他人——我要伤害自己是我自己的事情，又不牵涉到你们，为何对我横加指责，犯得着吗？有趣的是，他们没有意识到自己身上的问题对他人也会造成伤害。事实上有的问题出现以后，是不会自行消失的。绿色没主见和无所谓的态度无形中把压力和负担通通转嫁到他人身上，间接给别人带来了很多麻烦。

自信匮乏，没有主见

　　绿色，一生都没有明白一个道理，当他们每每举起"还可以"与"无所谓"的大旗来为自己保驾护航的时候，他们同时也将很多生命的机会抛弃了。更要命的是，他们将很多人生选择的权利交给了他人支配。

不思进取，拒绝改变

　　绿色的被动很容易导致他们在事业上的不作为。几年前，坊间流行《谁动了我的奶酪》，书中通过几个小老鼠影射了变革的重要性。当时传说公司把书发给你的时候，就是你准备离开公司之时。在"酒香也怕巷子深"的年头，主动出击也不一定能够有温饱，哪里还轮得上你这样"守株待兔"的人啊！

　　绿色似乎已经习惯于事情会自动解决，这种守株待兔的心态让他们成为四种性格中最为被动的人。

　　绿色对外界的变化视而不见，最终将让他们尝到无法适应的苦头。绿色把今天该做的事情拖到明天，一拖再拖，他们姑息自己的懒洋洋作风，原谅自己的不思进取，一旦患上了精神麻痹症，将沦为自己生命的牺牲品。

第三章

性格色彩之情感世界

Chapter 3

不同性格色彩女性的爱情观

红色：爱上镜子里的自己

红色最典型的女人是玛丽莲·梦露，她始终只有一个梦想——颠倒众生，结果死于飞蛾扑火般的政治斗争。红色女人的小说和电影是《卡门》，卡门是最典型的红色角色，游戏爱情却又无休止地追逐爱情，最后她对爱人说："你可以杀死我，但卡门永远是自由的。"

红色女人是花蝴蝶也是水仙花，当感到自己被欣赏时，她是最幸福的。她像海绵，而赞美是水分，当海绵吸饱水时，她是快乐的、膨胀的，而当水被拧干，长时间处于缺水状态，她是干瘪的海绵，失去了神采，变得丧气且没有自信。

红色喜欢跟自己相似的人，因为从对方身上，她可以看到自己的影子，当对方取得成就时，她感到双倍的幸福和自豪。恋爱中的红色，觉得自己找到了全世界最了不起的伴侣，发自内心地感到巨大的

不同性格色彩女性的爱情观

红色：爱上镜子里的自己

蓝色：爱上悲剧美

红色喜欢跟自己相似的人，因为从对方身上，她可以看到自己的影子

蓝色确定你除了她之外不可能爱上别人，才会坦然接受你的爱。

红色女人是不记仇的，她是最容易在分手后和另一半成为朋友的

当蓝色失去所爱，会长时间沉浸在悲伤的回忆中。

兴奋和激荡。但只要对方流露出对她的不欣赏或不信任，她立刻就跌到了谷底，怀疑自己的眼光，甚至给对方扣上罪大恶极的帽子。

总的来说，红色女人是不记仇的，她是最容易在分手后和另一半成为朋友的。因为一旦对方不再具有主宰她情绪的能力，她对对方的看法就不那么极端了，再加上她心态开放，也相对容易原谅对方。

蓝色：爱上悲剧美

蓝色性格女子的爱情代表作是《天鹅之死》。纯洁的天鹅公主看着心上人被黑天鹅抢走，发出痛苦的哀鸣。中了魔法的天鹅公主，无法口吐人言说出真相，只能痛苦地舞着舞着舞着舞着，旋转着进入死亡。这个故事暗示着蓝色在爱情出现问题时，最容易面临的不幸是——我无法说出我内心的痛苦，希望你能够了解我，如果你不了解，那我只有痛苦地缄默着，痛苦本身也是一种美。

"我爱你，所以先把你给别人。"蓝色之所以会有这样的做法，是因为蓝色在思考和做事情时喜欢用排除法，她会一个个验证不可能的答案，最后得出最正确的。对爱情也是如此，只有当她确定你除了她之外不可能爱上别人，才会坦然接受你的爱。只要有一点"隐患"存在，她的内心就永远会有不安全感存在。当爱人身边有另一个女人出现时，蓝色有时甚至会表示出完全的不在意，鼓励爱人跟"第三者"接近。她们擅长用试探来不断寻求和证明，其实

不同性格色彩女性的爱情观

黄色：爱上征服

绿色：爱上那瞬间交会的光亮

黄色女人把征服男人作为一种成就的表现，偏偏碰到了一个无视于她的魅力的男人，于是便无法自拔地爱上了

在绿色女人眼中，爱没有程度的差别，只有爱或者不爱。绿色女人没有强烈的情感起伏

因为你不爱我
所以我爱你

真正打动她的，并非天雷勾动地火式的爱，而是一种平淡中的惊奇

她的本意是想完全确认爱人对她是一心一意的，而结果呢，反而促成了爱人和"第三者"的交往。

当蓝色失去所爱，会长时间沉浸在悲伤的回忆中。夜深人静时，她细数着内心的道道伤口，虽痛，却有莫名舒展的感觉，她宁愿明明白白地痛苦也不愿糊里糊涂地幸福。然而却如她所说，"我睡的时候，我的痛苦都醒着"。

黄色：爱上征服

《乱世佳人》中黄色的斯佳丽把征服卫希礼作为一种成就的表现，但这个男人却偏偏无视她的魅力，于是她便无法自拔地爱上了他，根本来说还是对控制的渴求。而一个既美丽又讨人喜欢的情敌——媚兰的出现，更加深她试图超越对手赢得比赛的意识。虽然后来她一再发现卫希礼的懦弱，但黄色的对目标的执着让她继续盲目地爱下去。而白瑞德在危境中一再帮助她，反而让她有一种被比下去的感觉，这种好强的心态让她一次次否认对方的优点，否认自己对对方的欣赏。直到最后，白瑞德放弃了她，这种失落感反而让她认清了自己真正爱的是谁，而白瑞德的离去更挑起了她的征服欲，所以最后她对自己说——我一定要把他追回来。

整体而言，红色女人要警惕的，是"因为你爱我，所以我爱你"，"因为你用非常激烈的手段来示爱，所以我也强烈地爱你"。在这种自恋的情感中，红色无法真的确认对方的感情，也无法真的确认自己的感情，最后可能发现自己跟一个非常不适合的人待在了一起。有些红色女人会跟自己不爱的人继续走下去，因为他没有了她就要自杀，这种宣告或行为让红色觉得，他不能没有我，这里面有一种对她的价值的巨大肯定，所以她无法割舍，事实上她是以自己在生活相处中的种种不舒适不开心为巨大代价。

而黄色女人则相反，需要警惕的是，"因为你不爱我，所以我爱你"，这是因为对方的不顺从激起了她强烈的征服欲，再没有什么比让一个不爱她的人爱上她更有成就感的了。黄色的麻烦是她本人的意愿和努力很有可能会生效，而当对方爱上她之后，她享受这种成功的感觉，但其实她并不爱对方。

绿色：爱上那瞬间交会的光亮

在绿色女人眼中，爱没有程度的差别，只有爱或者不爱。绿色女人没有强烈的情感起伏，在别人看来她是不会去爱的，有时她自己也搞不懂什么是爱情。其实真正打动她的，并非天雷勾动地火式的爱，而是一种平淡中的惊奇。一个绿色曾告诉我，她记忆中最初的爱情，是跟一个男生一起放学回家，闲聊了许多现在自己也淡忘的寻常事，只记得在她抬眼看他的一瞬，他的眼睛亮了一下。在此之前，这个男生就和其他千千万万从她身边路过的人一样，没什么出奇，但在他眼神闪亮的那个瞬间，她忽然发现他其实是个很好看的男生，而且，仿佛有什么事情正在发生。正因为绿色没有强烈的情感起伏，所以只要你给予她小小的情感火花，她就能感应到，她所需要的真的只有这么多。

绿色的角色首推仪琳，其实还有一个情场遭遇和仪琳相反的，是《碧血剑》中的温仪。确实是机遇让金蛇郎君遇到了温仪，而非她自身的性格推动她找到了爱情。可不要忘记，何红药却是一个典型的黄色女人，为了爱情可以奋不顾身地去付出和追求，结果金蛇郎君不但不喜欢她，还跟她反目成仇。所以说，用什么样的方式，和什么样的人恋爱，这些是很重要的，感情的事并不是只要努力争取就能成。

蓝色和黄色男人如何追女生

　　蓝色擅长并喜欢用暗示来让你明白他的意思，而黄色的目标导向也会用到恋爱中。从以下两位男性在追求女性的短信上，我们可以感受到蓝色传达的细腻和黄色富有进攻性的力量。

蓝色男性在恋爱中发的追求短信：

　　·我在看一本书，很值得推荐，有机会看看，很想和你一起分享看后的体会。

　　·你的胃好些了吗？记得喝温水，别吃太热或太冰的东西；冰激淋少吃，你就是嘴馋；我以后每天早晚两次准时给你发短信，提醒你。（接下去，你每天非常准时地，一定能收到相同内容的短信；他发的是预先储存在手机里的短信。）

　　·普济岛以后再找机会我陪你一起去好不好？我们去杭州过元

蓝色习惯，擅长并且喜欢用暗示的方法来让你明白他们的意思

黄色的目标导向同样会用到恋爱求偶中

普济岛以后再找机会我陪你一起去好不好

这个世界上不会有人比我更爱你，对你更好

蓝色传达的是思想上的共鸣和心灵的交流

黄色，干净利索，言简意赅，挥刀下落，直指目标

旦吧，我已经预订了天都饭店，31号下午4：20的车，我们一起去好吗？（杭州是两人第一次出行的地方，也是定情的地方；所订酒店也是同一家酒店。）

· 我一直都觉得有心灵上的交流比什么都重要，思想上的共鸣是我一直在追寻的；我们的交流让我有很多的回味，I enjoy this so much，much more than anything else！《去年冬天》要重新上演了，我们再去看一遍好不好？我买了票了。（《去年冬天》是两人看的第一部话剧，当时很喜欢。）

黄色男性在恋爱中发的追求短信：

· 如果你决定要远行，我不会去送你；你回来，我一定去接你。（在女方决定是否出国的问题时。）

· 这个世界上不会有人比我更爱你，对你更好。

· If I can not by u，anyone else is just the 2nd best.（如果我不能拥有你，其他任何人都不可能比你好。）

· Dinner tomorrow，I'll pick up u. When are u off? Zen in XTD.（明天晚上一起吃饭，你几点下班？我来接你。新天地采蝶轩。）

蓝色仁兄的所有短信没一句是直白的，全部是暗示，传达的是"我希望和你有心灵的交流，我是关心你的，我希望能与你构建一个家庭，我是一个怀旧的人，让我们在怀旧的过程中重新体验幸福的感觉"。他们排斥"我爱你"这样肤浅直白的语言，更加享受彼此心领神会的"天王盖地虎，宝塔镇河妖"式的含蓄语言。

　　黄色仁兄，条条短信干净利索、言简意赅、挥刀下落、直指目标，你可说他霸气十足，也可说他自信，总之，连吃什么和在哪儿吃也容不得和你商量，全部打点好了。女方是绿色倒是很受用，若也是个非常有主见的，却未必能接受。就连发短信时，都嫌中文太啰唆，效率不够高，到了后来索性全部用英文缩写来替代。假设黄色的功夫是"大力金刚掌"，是"招招生风，掌掌取命"，那蓝色擅长的就是"两仪太极剑"，是"延绵不绝，以虚御实"。

恋爱中的"默默做"和"常常说"

对红色来说，说"我爱你"如同小菜一碟。让我们从恋爱中的语言来了解红色的真实心态。

"我爱你"，常见于恋人中情感的直接传递。通常情况下，红色表达这三个字的顺畅、爽快与直接远胜于蓝色。少有人研究此中性格不同造成的内心语言路线的不同。

当红色迅速投入热恋，说"我爱你"代表的含义是：我希望你能够理解此时此刻我的千般柔情百般蜜意。至于以后怎样，以后再说，"人生得意须尽欢，莫使金樽空对月"。红色是"从心到口的直线"，而蓝色是"由心到脑到口的圆周线"。一方面，蓝色说话喜欢留有余地；而红色，很容易把话说满，出了问题，连补救的话也没了。这注定了蓝色在深思熟虑上超过红色。

而蓝色最厉害的，恰恰是他们无声的感动力量，连你都不记得的事他都会记得。如果蓝色关怀一个人，他会试图去了解你、洞察你，为你做你需要做的事情。他们是那么不屑于用语言表达内心的

对红色来说说"我爱你"
如同小菜一碟

我爱你
我爱你~ 我爱你　我爱你
　　　　　　　我爱你
我爱你　　我爱你
我爱你

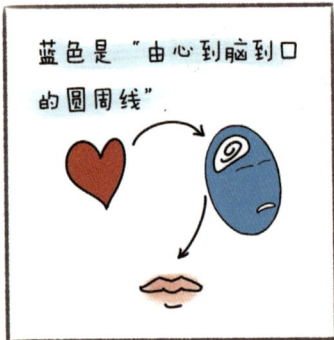

蓝色是"由心到脑到口
的圆周线"

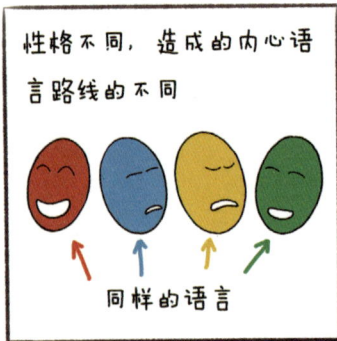

性格不同，造成的内心语
言路线的不同

同样的语言

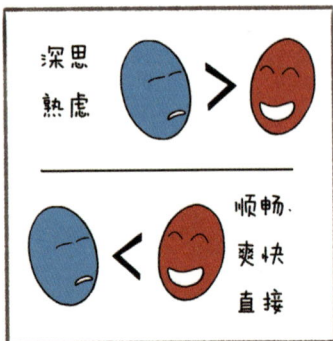

深思
熟虑　　>

　　<　顺畅
　　　　爽快
　　　　直接

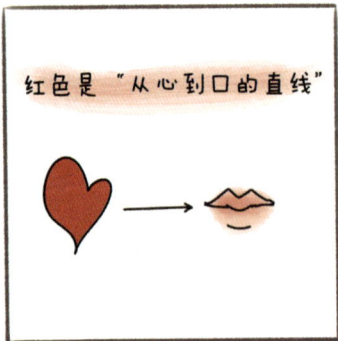

红色是"从心到口的直线"

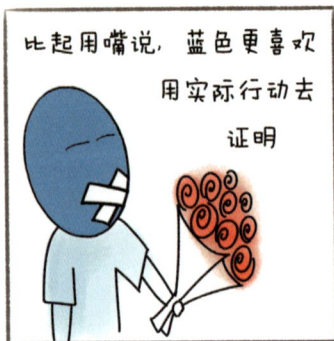

比起用嘴说，蓝色更喜欢
用实际行动去
证明

情感。蓝色觉得"说"太容易做到了，远不足以表达内心强烈的情感，而唯有用实际行动来证明才是有意义的！

我就是说不出"我爱你"

"在爱情中不好意思先开口"与"永远都在等别人将窗户纸捅破",虽然按照并列关系来说,属于一个层面,但从技术角度来分析,不好意思开口是说明他们担心,等别人捅破是说明他们的期待!本质上,期待代表了蓝色对默契有种近乎变态的执着,他们总是强烈期待别人知道他们所想,期待别人能做他们所想。

假使我们互相爱恋,如果我对你说"我爱你",或者我对你先表白,对蓝色意味着什么?意味着低头打破了这种对默契的期待!那个执着等待的人需要通过对方先打破来证明对方是爱他的。

蓝色,对爱是不吝啬付出的,但蓝色是需要回报的,也就是说蓝色在内心期待他们的爱和付出能够得到同等的回报。尤其是在两性关系中,如果蓝色认为自己的付出得不到或者看不到同样的回馈,蓝色会继续付出,但是内心会痛苦。这一点长久以来被很多所谓的情感专家们忽略。

蓝色的内心还有种心结,如果自己说"我爱你"在先,是否很

不好意思开口是说明他们担心

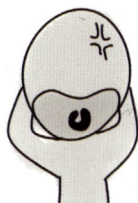

说还是不说啊？

说"我爱你"意味着低头打破了这种对默契的期待

等别人捅破是说明他们的期待

他什么时候会对我说呢？

蓝色认为自己的付出得不到或者看不到同样的回馈，蓝色会继续付出但是内心会痛苦

"期待"代表了蓝色对默契有种近乎变态的执着

蓝色会告诉自己，如果她向我表达，我一定用我一生的加倍的爱来回馈她和报答

没面子？蓝色的潜意识当中有这样的一个想法——他期待对方先表达爱意，然后蓝色会告诉自己，如果她向我表达，我一定用我一生的加倍的爱来回馈和报答她！当没有得到但似乎看到希望的时候，蓝色的执着就开始体现，他们会像孟姜女一样苦等。有时也耍耍小聪明，因为他们必须试探对方是否喜欢自己。

怎么试探？通常蓝色的试探，会装作不经意中接受其他异性抛来的绣球，然后将这些信号传过去以刺激对方，希望对方能有所表示。但并非所有的试探都会管用，有时蓝色刺激了很多次，而碰巧对方也是一个蓝色，她就是无动于衷！而且这个举动同时还刺激了对方的自尊心，蓝色会采取宁死不屈的心态：好，你越是这样，我越是不说！

既然不说，那就罢了，我也不说，对自尊的看重，这时又跳出来压住了情感的需要，士可杀不可辱！

我的确需要情感，我的确需要默契，我的确需要你的爱，但如果违背了底线，违背了灵魂里面对自尊的需求，我将誓死不屈。

谁是真正的情圣

　　李敖演讲时曾提及自己当初追求女生的一个名段："送你18朵玫瑰，仔细数数只有17朵，还有一朵就是你。"类似这样的把戏，当年在我那个红色同学那里已目睹过无数次的演绎。比如说，他号称这个礼物里是这辈子最爱的女人，结果打开一看，是个化妆镜。

　　按照我同学的说法，他的偶像就是英国的温莎公爵。此公早就看到"江山没有美人可爱"，所以"人间情圣"的称号赋予红色是完全有道理的。不要江山要美人，在内心深处往往以"情愿"代替"目标"来支配行动，这也是我更愿意给红色定义"感性"的原因。

　　如果你真的能做到不以道德层面来衡量性格的优缺善恶，你才能避免给红色的情感丰富扣上一顶"道德败坏"的帽子。事实上，从胡适到胡兰成，从"半为苍生半美人"的文怀沙到被冰心誉为"最像一朵花的男人"梁实秋，从浪漫诗人郭沫若到天才诗人徐志

送你18朵玫瑰，仔细数数只有17朵，还有一朵就是你

我更愿意给红色定义"感性"的原因

感性

红色称在这个礼物里装的是这辈子最爱的女人，结果打开一看，是个化妆镜

我们都可以感受到红色在情感上的丰富性，"浪漫多情"大多都是指红色

"江山没有美人可爱"，所以 "人间情圣" 的称号赋予红色是完全有道理的

红色男性为主人公的小说，无一例外都有着情感上数不完的纠葛

摩，以上情种、情痴、情圣，均以"感人心者，莫先乎情"为创作要旨。从郁达夫到徐志摩，我们都可以在他们身上感受到红色在情感上的丰富性，"浪漫多情"大多都是指红色。正因为此，胡适发出了"醉过方知酒浓，爱过方知情重"的感慨。这与郁达夫的"曾因酒醉鞭名马，生怕情多累美人"简直是一个模子里刻出的。

我们再来看小说中的人物，从《天龙八部》里的段誉到段誉的老子段正淳，再到古龙小说中的陆小凤、楚留香，《多情剑客无情剑》中的李寻欢，甚至连《红楼梦》里的贾宝玉，这种以红色男性为主人公的小说，注定了小说的基本旋律，无一例外都有着情感上数不完的纠葛。

当女人说"我不要你管"的时候

想明白她所想，首先是学会读懂对方的语言

"管"在情感世界中的应用甚是广泛，多出现在女性口中。确切的定义倒是要费一番周折。一个"管"字可以传达的、暗示的以及引申的，假若男性真能理解，可省去情感世界中不少的麻烦。

1. 两人闹了别扭，会说："我不要你管。"这里的"管"是"理睬"的意思。

2. "我爸妈真的很烦，总是要管我。"这里的"管"是"控制"的意思。

3. "你最好不要管我（的事）。"这里的"管"是"插手"的意思。

4. "你到底管不管我吗？"这话只有一个意思，就是让你去管她，这里的"管"是"关心和照顾"的意思。

"管"在情感世界中的应用甚是广泛，多出现在女性口中

"你最好不要管我（的事）。"这里的"管"是"插手"的意思

两人闹了别扭，会说："我不要你管。"这里是"理睬"的意思

"你到底管不管我吗？"这里的"管"是"关心和照顾"的意思

"我爸妈真的很烦，总是要管我。"这里的"管"是"控制"的意思

"你平时多管管我吧。"这里的"管"是"督促和推动"的意思

5. "你平时多管管我吧。"这里的"管"是"督促和推动"的意思。

有时在复杂情境下，这五种意思可能会有所交叉，然而无论怎样，情感的渗透交叉总是这里的主旋律，以上只不过是旋律的变化和节奏的调整。

如果女性本人（黄色性格）是所谓的女强人类型。她们不希望人管，讨厌被人管，而希望管别人，因为情感的独立性，相对而言，她们对婆婆妈妈之类的琐事不是很在乎。在她们的说话中，用到2和3的意思的"管"的概率比较高，倒是很少出现1和4的说话方式。在1和4当中传达了很多女性特有的撒娇的成分，这不是她们惯用的语言风格。

没有谈过恋爱和恋爱谈得少的人不能理解，要想理解，自己就要多谈几次恋爱。当然，一生平稳的人应该如何理解，并不是所有的人生境遇都需要切身体验的，想象和阅读可以帮我们解决很多因经历匮乏所带来的问题。

恋爱三部曲：黏人——委屈——发作

红色与蓝色是情感需求度极高的两种性格：蓝色更需要心灵上的默契，假使不能被满足，顶多只是折磨自己；而红色对情感上的高度需求经常通过语言和体态来表达，假使不能被满足，便开始折磨他人。他们一厢情愿地以为别人和他们一样，有时完全是真心好意，但由于太希望受到关注，结果搞得不可收拾。

对爱说笑话的红色来讲，只要看到别人不苟言笑，红色本能认为是你不开心，就会设法关心地询问或者挑逗起蓝色的开心。而对蓝色而言，也许那时正在享受音乐或静读，蓝色非常痛苦于红色"总是玩笑般地拿走报纸，或时不时地说些笑话"的行为，在蓝色看来，那些笑话根本就没有任何值得笑的地方。蓝色在自己的思想总被打断时极端烦躁，但红色总重复这样的"低级错误"，终有一天蓝色的火山爆发了，而那时红色却陷入深深的委屈，于是双方大动干戈。

而当红色去黏黄色时，不同于蓝色那样只让痛苦和愤怒更多地在内心积压直到有一天彻底爆发，黄色通常当场开火，场面更为火爆。总之，两种性格都对红色的嘈杂和不停地"骚扰"有巨大的排斥，尤其是当处于压力状态下，蓝色和黄色更希望独处和专心解决问题。红色却从没有学会这时应该安静地走开，他们显然还没有意识到他们"因黏而作"的问题的严重性。

红色与蓝色是情感需求度
极高的两种性格

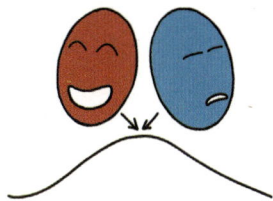

如果蓝色不苟言笑，
红色本能认为是你不开心，
就会挑逗起蓝色的开心

蓝色更需要心灵上的默契，假
使不能被满足，顶多只是折磨
自己。

在蓝色看来，那些笑话根
本就没有任何值得笑的地
方

红色对情感上的高度需求
经常通过语言和体态来表
达，假使不能被满足，便开始
折磨他人

红色去黏蓝
色时，蓝色倾向
于让痛苦和
愤怒更多地
在内心积压
直到有一天
彻底爆发

谁会偷看（查阅）另一半的手机短信

四种性格色彩中，最容易偷看另一半短信或聊天记录的是红色。即使在对方没有出轨迹象时，红色也会出于好奇去看，"好奇害死猫"就是说的红色。当婚姻生活趋于平淡时，天性不甘于平淡的红色会弄点事情出来作一作、闹一闹，让生活变得有点刺激。有些红色会当着伴侣的面说"手机拿过来给我看看"，其实是一种撒娇和"作"，目的是从对方的妥协中感受对方对自己的在乎。不幸的是，对所有的出轨事件和疑似出轨事件，承受力最弱的也是红色。

蓝色对隐私非常注重，因此很少随便翻看另一半的信息。如果真的要看，那势必是因为她已经开始察觉到异动，只要她的怀疑还没有消除，第一次看不到第二次还会再看，一旦发现有暧昧短信，她不会马上质问对方，而是冷眼旁观。当蓝色决定摊牌时，她已经握有足够的证据，并已反复衡量过说出这事对方会有什么样的反应，甚至把下一步该怎么做都已想好了。

最容易偷看另一半的短信或QQ聊天记录的是红色

QQ 微信
短信

蓝色对隐私非常注重，因此不会随便翻看另一半的信息

日记

"好奇害死猫"就是说的红色

黄色强势、果断，以目标为导向，不会像红色女性那样控制不住自己的情绪

对所有的出轨事件和疑似出轨事件，承受力最弱的也是红色

绿色从不看丈夫的短信，她们是那么的平和、无所谓和安于现状，几乎没有什么事情在她们的字典里是天大的事

黄色女性强势、果断，以目标为导向，她不会像红色女性那样控制不住自己的情绪，对朋友和外人说些不该说的话。她始终保持优雅和得体的形象，这是基于对后果的充分认识和内心的坚毅才能做到的。私底下她也会通过各种渠道收集证据，但并不打算摊牌。当她刚开始发现外遇苗头时，内心会有不安，但当证据都攥在手里时，她反而踏实了，因为事件的发展和结果已经在她掌控之中。

绿色从不看对方的短信，她们是那么平和、无所谓和安于现状，几乎没有什么事情在她们的字典里是天大的事。她们不会主动怀疑对方出轨，即使闺密告诉她们："哎，你知道吗，昨天我看见你老公跟另一个女人逛百货商场……"她们也会无动于衷地说："噢，是吗？可能他是在陪客户吧。" 绿色是踏踏实实过日子的最佳搭档。

男人也需要安全感吗

和女人相比，男人更需要安全感。只是四种不同的性格色彩表现的形式不太一样。

红色：

他们渴望得到伴侣时时刻刻的关注。当伴侣忙于跟朋友交际时就会感到自己被冷落，进而会产生怀疑：她是不是不爱我了？也会像女人那样追问自己的女友："你还爱我吗？""你觉得我有哪些不足的地方？""我怎么感觉不到你的爱了呢？"

他们的猜疑虽然会有些麻烦，但也给两人的感情增添了不少情趣。

蓝色：

追求完美和心灵深处的默契。他们不会直接去问伴侣的行踪，

和女人相比，男人更需要安全感

黄色：掌握整个局面而不是细枝末节

红色：他们渴望得到伴侣时时刻刻的关注

绿色：绿色的宽松平和让伴侣享受，也让伴侣觉得"他可能没有那么在意我"

蓝色：追求完美和心灵深处的默契

你是什么颜色呢？

而是默默观察和分析，一旦发现蛛丝马迹也不会声张，而是继续收集证据，直到有足够的把握才会出击。一般到了他们开口提出自己的疑问的地步，才说明两个人的关系真的出了问题。

黄色：

掌握整个局面而不是细枝末节。黄色的男人以大事为重，如果是伴侣偶发的与异性的小暧昧，他们会采取有力的措施制止，解决后不会再反复思量给自己找麻烦。如果真的出了问题，黄色的报复心会产生非常可怕的力量。

绿色：

几乎不太去注意伴侣是否有这方面的倾向。即使伴侣和异性接触较多，绿色也很少吃醋，他们直觉认为"不会发生什么大事的"。绿色的宽松平和让伴侣享受，也让伴侣觉得"他可能没有那么在意我"。往往等绿色发现问题的时候，伴侣已经在另一个男人的怀抱里了。但是，从另外一个角度来讲，因为绿色的包容和内心宽广，让对方感受到的也可能是最强烈的安全感。

年轻女孩为何钟情老男人

但凡孤傲或看起来很不一般的女孩，很容易被蓝色老男人吸引。假设女孩爱上老男人，一不是因为钱，二不是因为帅，那只能说是被老男人的魅力所折服。

魅力之一：细心

恋父情结，对某些女性来说尤其重要。老男人能敏感地发现你的情绪变化，细腻地引导你的情绪，迷迷糊糊中你就成了听话的小绵羊。他能了解你的全部心思，他知道你的全部需要，但他不会明显地让你感觉到他早就知道，这正是他的高明之处。最后，你会觉得他就像你的老爸，却用不着在"老爸"面前有所收敛。

但凡孤傲或看起来很不一般的女孩（红色最多），很容易被蓝色的老男人吸引

老男人魅力之三——耐心

老男人魅力之一——细心

老男人魅力之四——不麻烦

老男人魅力之二——稳重

老男人魅力之五——腔调

魅力之二：稳重

　　蓝色男人一本正经、不苟言笑、条理分明、循序渐进，一盘大棋步骤严谨，让小女人除了钦佩就是崇拜，有了崇拜就有想发嗲的欲望。末了你很想看到他笑起来的模样，于是你千方百计地接近他，你绞尽脑汁地吸引他，最后他给你一个含蓄的微笑，你彻底晕倒。

魅力之三：耐心

　　这种珍贵的品质，对没耐心的女性更受用。他可以不厌其烦地每天为你准备好一杯牛奶，他可以絮絮叨叨地问你头还疼不疼……总之，他不会在电话里第一句就问"想不想我呀"之类如此"作"的话语。这种被老男人当孩子照顾的感觉，让女人感激涕零。对大多数性体验不丰富或者尚未开发潜能的女性来说，精神上的满足与快乐远胜于生理上的满足。

魅力之四：不麻烦

　　所有的事情他都能解决，不会让你跟着操心；所有的事情他都

老男人的魅力所在，给你纯粹精神上的满足，足以麻醉你所有的神经

老男人的稳重让你发现自己的可人伶俐

老男人的衬托让你更靓丽，这种感觉让你舍不得放弃

在蓝色老男人眼里，责任心、理智、家庭、事业、名誉皆比爱情重要，小女人最后会输得一糊涂

事业

老男人的呵护让你更加无忧，开玩笑他也不会真生气

即使如此，仍有无数女子争先恐后地扑入到迷恋蓝色老男人的队伍中来

能解决得很好（没搞定的他不会告诉你），只等着你由衷地敬佩和欣喜。跟他在一起，恭喜你终于成为无忧无虑的少奶奶。其实，这里最重要的因素是年龄相差太大，他说了怕你也不懂。

魅力之五：腔调

对见惯了张牙舞爪、意气风发、人前马后献殷勤的男人的小女生们来说，这种口味不仅是踏实的感受，更重要的是，从性格角度而言，大多本性活跃的女人对沉默的男人极有兴趣。一个女作家说过："男人一沉默，夜色就来临了，把女人给裹在里面。女人对夜色，既有着无法克服的畏惧，又有着无比神往的迷恋，再飞扬跋扈的女人，也会被夜色征服的。"

老男人的衬托让你更靓丽，这种感觉让你舍不得放弃；老男人的呵护让你更加无忧，开玩笑他也不会真生气；老男人的稳重让你发现自己的可人伶俐。

喜欢大女人的男人——新恋母情结

对事业的理解支持

红色女性擅长每日以"你爱不爱我啊？""那你到底喜欢我有多少呢？""我是不是你的唯一啊？"纠缠……她们用发嗲作为精神食粮来打发爱情的时光；她们对爱情全部的理解是由"卿卿我我＋形影不离＋唯恐天下不知相爱"三部分构成；她们不明白男人需要事业的本质；她们更不知做什么方可助郎君一臂之力。以男人的心态而言，首先你能帮到最好，其次帮不到请保持安静和支持，再次别冷嘲热讽别作天作地感到自己被冷落别给我添堵添烦，最后千千万万求爷爷告奶奶别帮倒忙。红色后两样擅长，黄色只做前两样。

男人需要女人对自己事业的
理解和支持

男人也需要关照

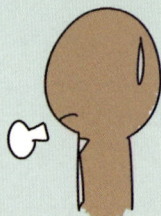

小女人擅长冷潮热讽作天
作地，感到自己被冷落，
给男人添堵添烦，帮倒忙

大多女孩在恋爱中习惯做
公主的心态，
无法让男性
感知牛郎织
女的复古画
卷

大女人：能帮到最好，帮
不到保持安
静和支持

男人并不期待被呵护，但
好万需要被照顾。这点上
没有比有责
任心责任感
的大女人做
得更好的了

关照

对红色女性讲，模拟过家家不是什么难事，但把过家家当成一件每天必须坚持并且视为享受的大事来做，有时的确是难为了她们。而对处于事业发展期或上升期的男性来讲，大女人细腻的关照让他们如沐春风，省掉很多闲心，虽然男人并不期待被呵护，但好歹需要被照顾。这点上，没有比大女人做得更好的了。

成熟

血气方刚之时，男女陷入爱情中，动辄你死我活，以彼此撕扯且相互仰天毒誓"但求同年同月同日死"为爱情的最高理解。两个至情至性之人尤其偏好极端，于"爱情就是全盘占有对方"理解之狭隘，当属经历所限，无可逆转。黄色女性曾经沧海的好处多多，知道什么事情做得、什么事情做不得，譬如偷看手机短信和跟踪之类的活，不仅懒得做更不屑做，真正的高明，真正的智慧！

深谙阴阳互补之术

大凡小女子，于男女之道多属性窦初开，尚不能完全浸淫其

成熟

大凡23岁以下女子，于男女之道多属性窦初开

大女人曾经沧海的好处多多，知道什么事情做得，什么事情做不得

大女人早已完成身体最原始欲望的开发，对性事充满自然向往开放的心态

大女人明白"成熟的人不问过去；聪明的人不问现在；豁达的人不问未来"的爱情真谛

一旦碰上个好对手，与沾上鸦片无异，故"因性生爱"确实如此，确有其事

中，享受交合之乐。小女子在性中的羞涩，大多只为传达对爱情的无限奉献但并不能完全享受其中。以指标衡量，无论是主动与否的态度还是具体技术通通乏善可陈，使男儿不能尽兴。然而，男子一旦遇见成熟女子，大女人早已完成对身体最原始欲望的开发，对性事充满自然向往开放的心态，男儿可从中经历巅峰体验之奇妙。

小鸟依人的女子是谁的最爱

但凡能做到小鸟依人的女人都有以下几个特点：

其一，依赖。让再瘦小的男人也体会到自己有了宽阔的肩膀，充分体验到保护妇女的强壮感觉。

其二，平稳。从此家庭内部有了安定团结的局面，不会给另一半添乱，更不用担心红杏出墙。

其三，简单。对男人在外面的花天酒地，会采取不闻、不问、不管的三不政策。

其四，宽容。就算男人功夫不行，也不会冲他说"怎么这么快又完了"之类的抱怨。

而具有以上四点的大多是绿色的女子。

黄色不但希望能够掌握自己的命运，同时希望能够控制他人的生活，因此小鸟依人的绿色当然是黄色性格的最爱。

只是在生活中一味压抑，会让绿色成为所有人当中得到最少

依赖. 让再瘦小的男人也体会到自己有了宽阔的肩膀

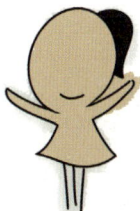

宽容. 就算男人功夫不行, 绿色也不会冲你说"怎么这么快又完了"之类的抱怨

平稳. 从此家庭内部有了安定团结的局面, 不会给另一半添乱, 更不用担心红杏出墙

小鸟依人的绿色, 当然是黄色性格的最爱

简单. 对自己在外面的花天酒地, 绿色老婆会采取不闻. 不问.不管的三不政策.

如果蓝色的累是把事情复杂化和较真思考的累, 那么绿色绝对是为了迎合他人而受累

的；因为不想发生冲突，无论自己有多辛苦，永远平静谦和，只要不和别人发生矛盾，就算受点委屈也没有关系。

如果说蓝色的累是把事情复杂化和较真思考的累，那么绿色绝对是为了迎合他人而受累。

"假小子"都是哪种性格色彩

首先从外形上来讲，蓝色和绿色的女性多有阴柔感或崇尚阴柔美，对过于男性化的装束呈排斥心理；对于红色女性来讲，外形打扮多有"明亮"或"扮酷"这两种比较强烈的倾向，偶尔男性化也未尝不可，但那只是一种新鲜的尝试，长此以往绝不享受；唯独黄色在心理上希望给别人精明强干的感觉，她们希望和男人平起平坐，留着短发，穿着深色套装，"不爱红装爱武装"，节奏飞快地生活。

其次在心理上，因为黄色对强者有天生的向往，她们鄙视女人的婆婆妈妈、不利索和情绪化。对每月一次的"大姨妈"更是恨不打一处来，对男人可以逃避这每月一次的麻烦事儿愤愤不平。她们乐于拼杀，相信自己而耻于依靠男人，为了取得更好的竞争力，她们将自己边缘化于男性的队伍，至少在其他的男人看来，不敢小瞧她们。

再次在行为上，她们敢于冲杀，攀岩等极限运动也乐于涉猎；当黄色女人的实力强大到男人开始恐惧时，哪儿还有闲心考虑你是

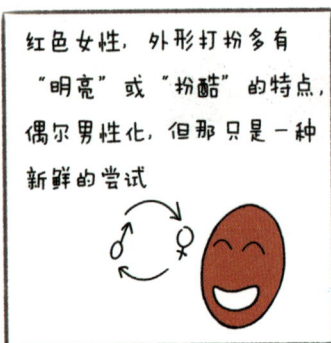

男是女，把她们当成男性来看，把她们想象为性交后要击杀雄蜘蛛的雌蜘蛛，会让那些丢失了一些尊严的男性，好歹可以捞回一点可怜的面子，让自己有个台阶下。

　　黄色的女子应该常听听优客李林的一首歌——《输了你，赢了世界又如何》。相同的，有时你争赢了，却可能失去更重要的。事总有轻重缓急之分，不要为了争一口气，而后悔莫及！

恋爱中谁是绝情人

　　绝情这事，在红色身上很少发生。红色的绝，也是暂时的。当你觉得红色绝情时，那只是意味着仇恨还没有从他身上完全消除，而恨没有消除，意味着爱也没有消除，只是转换了另外一种形式出现。

　　而蓝色和黄色在绝情问题上的呈现方式不同，通常对红色的打击会比较剧烈，换句话说，能够体验到对方绝情的，大多体验者本身是红色！

　　黄色的绝情，源于黄色认为没有实际意义的行为都是浪费时间。比如网恋，在初期的几个来回以后，认为远距离操作非常不可行，又不能当饭吃，又见不到面，连love也不能make，于是她们会及时止损。即使你们早期曾电话诉衷肠耳鬓厮磨，说过再多的甜言蜜语，也瞬间失去意义。半年后，你们再次碰到，也许你还对过去念念不忘，而对黄色而言却已一切消逝。当你对黄色否认过去历史的行为表示愤怒的时候，请记住：黄色活在当下和未来，他们不活

绝情这事，在红色身上很少发生

黄色活在当下和未来，他们不活在过去；黄色生活在现实里而非虚幻中

能够体验到对方绝情的，大多体验者本身是红色

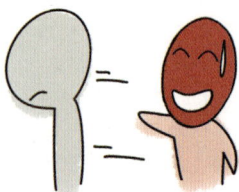

黄色天生有种本领，将情感和事实割裂，这样也好，为他们省去很多麻烦

情感　　事实

黄色的绝情，源于黄色认为没有实际意义的行为都是浪费时间

黄色的简单很让人受伤害，但好歹也只是那么一刀，心狠下去，肉割掉拉倒

在过去；黄色生活在现实里而非虚幻中。

黄色天生有种本领，将情感和事实割裂，这样也好，为他们省去很多麻烦。

我一直认为黄色的人生其实比较简单，除了目标达成以外，其他都比较简单；不像红色，太复杂，更麻烦的是，绕进去以后还没有能力把自己绕出来。要么需要别人拯救，要么自己冥思苦想，百思不得其解，有人开始埋怨别人，更有人恐怕一生也想不明白自己是如何伤害别人的。黄色的简单很让人受伤害，但好歹也只是那么一刀，心狠下去，肉割掉拉倒。

失恋时不同性格色彩的表现

红色失恋，痛不欲生。红色的方法通常是倾诉和发泄，短期内有效，过了一段时间，痛苦又回来，又得再去发泄，效率很低。而且红色最容易发生自残行为。红色在身体上的自残通常是想由此向对方传达"为了你，我可以不爱惜自己的身体，连这么重要的都可以不在乎，你现在知道你对我有多重要了吧"的信息，借以唤起对方所有爱的回忆。

蓝色失恋，自己反思。蓝色在失恋后会反思自己在恋情中所犯的错误，回顾恋情的全过程，甚至去找一些过往留下的痕迹来看、来听，结果是，从瞬间的痛楚陷入了漫漫的痛苦长河，险些灭顶。

黄色失恋后，会认为："对方放弃了我说明他不识货，没有理解真正的我，而对一个不识货的人我不需要再说什么了，我能做的就是继续让自己变得更加智慧独立、千娇百媚，姑娘的将来会比和他在一起更幸福。"

绿色失恋后，会想：其实和他在一起也不见得有多好。再说

红色失恋，痛不欲生

绿色失恋后，会想，其实和他在一起也不见得有多好，再说天下无不散的宴席

蓝色失恋，自己反思

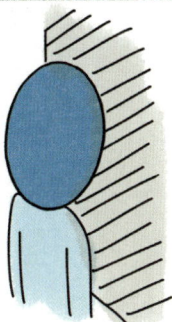

红色的情感是短暂的爆发的，蓝色的情感是漫长的持久的

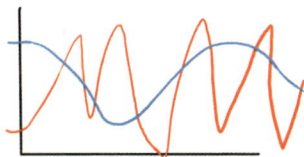

黄色失恋后，会认为对方放弃了我说明他不识货，没有理解真正的我

红色的痛苦是短暂的爆发的，蓝色的痛苦是漫长的压抑的，需要更长时间来平复

天下无不散的宴席，最后每个人的结局都是一样的，欢好百年也无非是归于尘土，还不如随遇而安，反正关了灯都是一样的，阿弥陀佛，善哉善哉。

另一个重要的问题之前一直被误读放大，也就是认为蓝色的痛苦比红色更加强烈。

按照自然界的对称原则，红色的情感是短暂的爆发的，蓝色的情感是漫长的持久的。与此同理，红色的痛苦也是短暂的爆发的，过了这阵儿就好，好了伤疤忘了痛；蓝色的痛苦是漫长的压抑的，需要更长时间来平复。

不同性格色彩在爱人生病时的表现

　　生活中，很多人都有亲人住院的经历，当你最爱的亲人病重时，你会如何？同样是关爱，每种性格所采用的方式不尽相同，不同的人用不同方式表达。

　　蓝色宁愿从生活起居到饮食护理，默默给予对方无微不至的考虑。蓝色每每一方面唠叨当初你怎么不听他的话、为何这么不小心，另一方面，不懈地搜寻民间偏方，或弄个什么当归乌梅炖羊尾巴放冰糖之类的煲汤；对护士挂的盐水瓶流量过快、护工做事的马虎、医生忘了定时查房这种事，绝不轻易放过。他们把照顾亲人当成一项工作来严阵以待。

　　黄色因为一切以解决问题为主，他们会控制自己内心的伤痛，不惜一切代价寻求最好的医院、医生和药物，把病治好才是真的。上医院探视时，倾尽财物"不求最好但求最贵"地奉上补品。当然因为注重解决问题本身，黄色对病人情感的关怀难免有所忽略。

　　绿色是让你最为轻松舒服的陪护人。绿色能让病人觉得生病

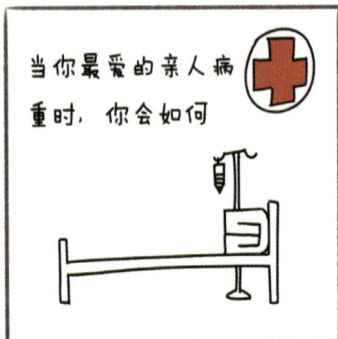

当你最爱的亲人病重时，你会如何

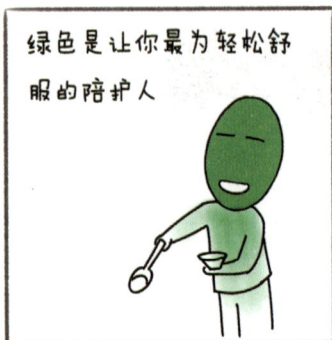

绿色是让你最为轻松舒服的陪护人

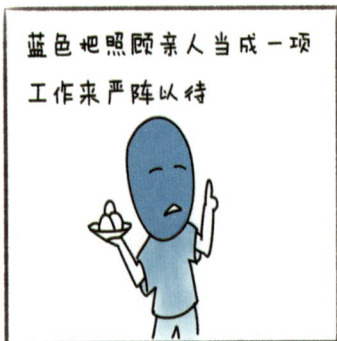

蓝色把照顾亲人当成一项工作来严阵以待

红色，用特有的哈哈大笑感染着你

黄色一切以解决问题为主

住最好的医院！吃最好的补品

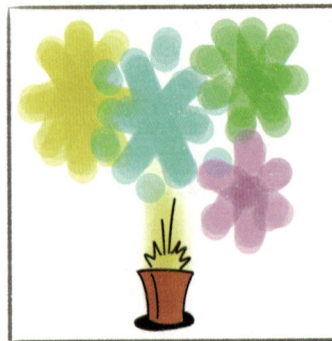

并非很糟糕的事，比如同样是给病人做食物，蓝色可能会说："你把这个都吃了，这个很好。"也许病人没有好胃口，他也只会说："这个食物含有什么什么氨基酸维生素，你很需要。"而绿色则会把制作过程中的洋相夸大，让病人开心之余，不知不觉就多吃了。

唯独红色最搞笑。厉害的红色，可以把你逗得感觉生病似乎是件非常幸福的事儿。经常拿个什么小猫小狗小熊之类的玩意来让你开心。进了病房以后，他会用红色特有的哈哈大笑感染着你，很快，病房里其他病友也都跟他混了个脸熟。

早年，我的一位老师在年少时，她父亲患了重病住院，她不得不打零工来减轻家里的经济负担。春节前夕，她拿到相当于一年学费的第一笔收入50元钱。在当时家里经济条件非常紧张的情况下，她居然毫不犹豫地把这50元钱全部用来买了烟花爆竹。除夕夜在父亲的病房外放了两小时，绚烂的烟花照亮了整幢病房大楼，越来越多的病人聚集到窗前，一张张苍白憔悴的脸上慢慢展开了笑颜。

什么性格色彩可以在婚姻中百搭

从生活的角度来看，家有绿色，人生之福。绿色自从结了婚就懒得去找情人，自然一心一意。婚姻当中，红蓝黄三种人寻找绿色做配偶各有原因，然而有一个共同点，那就是——绿色天性中具备一种平缓情绪的功能。无论你在外面受了多大的委屈和折腾，只要见了那张和颜悦色的面孔，再暴的脾气和再大的嗓门很快就化为乌有，绿色的伴侣是绝佳的情感缓冲器和摩擦稳定剂。

在日益频繁的婚外恋现象中，绿色最为稳定。绿色贴近自然，对各种花样翻新多作壁上观，不轻易凑热闹；刺激绿色的神经非常困难，对什么明星绯闻、蜚短流长，全部一笑置之。因为容易满足，本身需求不多，绿色也不易受到外界环境的诱惑。

一对绿色，家里卫生也许糟糕一点，生活毫无激情，但也各得其所，相安无事。若是两个黄色或者蓝色，却会出现很多"1+1=0"的状况。你要忙东，他要忙西，劲儿使不到一处先不说，甚至相互指责谁也不服谁，只好劳燕分飞。所以夫妻双方只要

从生活的角度来看，家有绿色，人生之福

一对绿色，各得其所，相安无事

在日益频繁的婚外恋现象中，绿色最为稳定

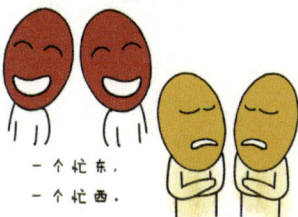

两个黄色或者蓝色，相互指责谁也不服谁，只好劳燕分飞

一个忙东，
一个忙西。

绿色有甘心忘记自己，顺从伴侣的特性

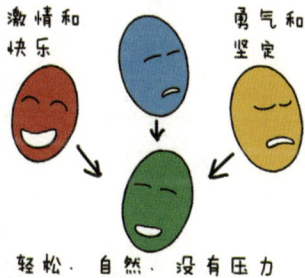

稳重和信任

激情和
快乐

勇气和
坚定

轻松，自然，没有压力

一方是绿色，婚姻稳定度相对要高。

　　如果说，红色给我们激情和快乐，蓝色给我们稳重和信任，黄色给我们勇气和坚定，那么当我们和绿色相处时，我们感受到的是轻松、自然，没有压力。

不同性格色彩对于婚姻的选择

现代人往往提出结婚有许多不好：沉闷乏味、自由受限、审美疲劳……有意思的是，最追求快乐和自由，最喜欢变化、折腾和新鲜感的，是红色性格，而对婚姻抱怨最多的也是红色。但因为红色怕寂寞，需要陪伴，所以往往是口头的"不婚族"，实际的"恨嫁族"。绿色早婚，黄色晚婚，蓝色当婚，所有色彩的性格都可能不婚。

黄色有足够的理由晚婚。忙于事业，沉迷目标，期望心无旁骛地在职场上搏杀和冲刺，都是黄色晚婚的原因。有的索性就不婚了，所有的满足感和成就感通过事业来获得就足够了。也有黄色女性离婚后不再结婚，带着小孩独自生活。

当黄色把终身大事当作一项必须完成的任务来看待时，也可能走向反面，由不婚族变为必婚族——必须找到一个合适的优秀的人结婚，传承自己的优良基因。某"白骨精"女性，30多岁了还没对象，某天她突然意识到，找终身伴侣是件非常重要的事，所以停掉手中的部分工作，专心一意地在交友网上进行地毯式搜索，按

现代人往往提出结婚有许多的不好：沉闷乏味、自由受限、审美疲劳

因为红色怕寂寞，需要陪伴，所以往往是口头的"不婚族"，实际的"恨嫁族"

最追求快乐和自由，最喜欢变化、折腾和新鲜感的，是红色性格

对婚姻抱怨最多的也是红色

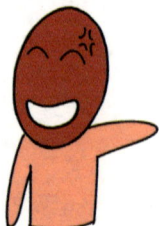

所有色彩的性格都可能不婚

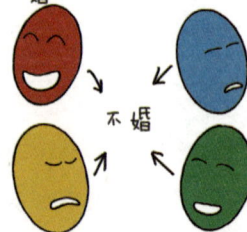

不婚

不婚

照年龄、收入等硬指标，筛选出一部分她愿意接受的男人，然后通过一封精心设计的自我推荐信，像求职一样"投简历"，通过"面试"，几轮筛选，找到几个合适的人进行"试交往"，设置了几道关卡考验，最后命中目标。

蓝色注重规则，观念传统。在蓝色心目中，婚姻依旧是普世价值的体现，"男大当婚，女大当嫁"也是蓝色接受的观念。如果蓝色坚定地独身至死，或许只能是对异性和婚姻彻底失望了吧，如《红楼梦》中的惜春，受到亲人反目"抄检大观园"的刺激，对人世间的情感绝望了，产生了弃世的念头，出家为尼。

绿色是最易早婚的性格，同理，绿色是最不可能成为"不婚族"的。亲人的压力、异性的热烈追求，很容易便迫使他们迈进了或许是坟墓或许是天堂的婚姻。因为天性中的随遇而安，绿色结婚结了就结了，很少纠结，这是令红色和蓝色羡慕的。

红色本质希望有人来陪，在初涉爱河的年轻人中，最容易高喊"和你一生一世"，甚至交往不出3个月就上演求婚大戏的人，恰恰正是红色。但红色的矛盾在于，他所希望追求的快乐，不是一个常量，而是一个变量。无论婚或不婚，他永远渴望追求变化的新鲜感和刺激的情感体验；而对于常规模式的婚姻来说，这种刺激是最缺乏的，远不如单身生活来得丰富。如果要给红色一个关于婚姻的定义，说他们"不安于婚"可能是最合适的。曾收到一封来信，咨询者说："乐老师，我和她都是有婚姻的人，因为没有办法从彼此伴侣那里得到我们想要的，所以才在一起。我不知道她是不是真的爱我，有没有

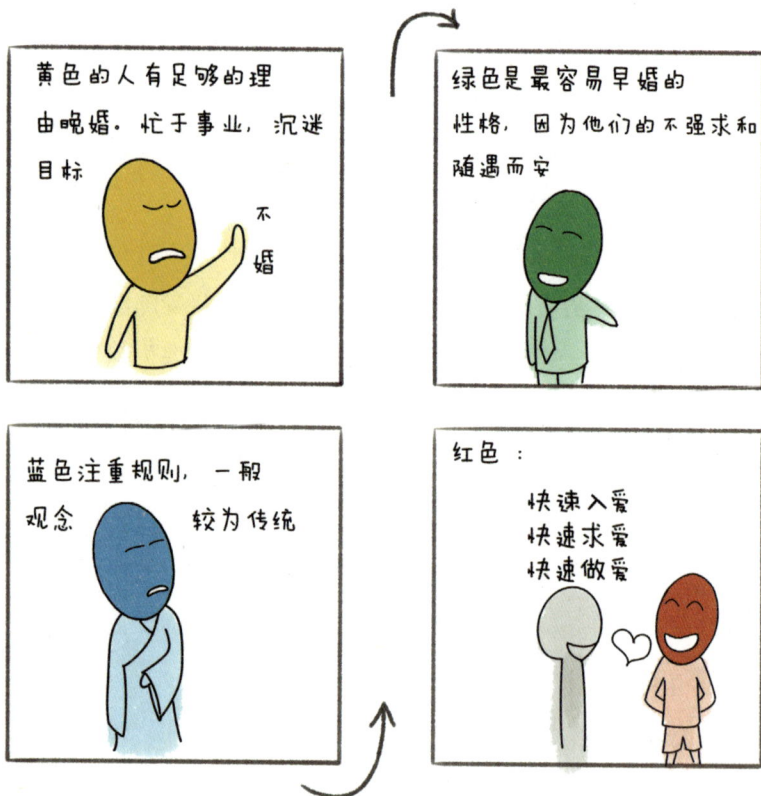

黄色的人有足够的理由晚婚. 忙于事业, 沉迷目标

不婚

绿色是最容易早婚的性格, 因为他们的不强求和随遇而安

蓝色注重规则, 一般观念　　较为传统

红色：

快速入爱
快速求爱
快速做爱

办法可以测试一下？"提问者是典型的红色，因为不安于婚姻而在婚姻之外寻找更多的情感体验，但红色的缺乏安全感又让他来寻求我的"证言"。自由感和依赖感，是红色心理需求的两极，他们日复一日地在两者之间摆动，痛并快乐着。而一般意义上说的"因为没玩够而不结婚"的人正是红色，当对自由的追求远大于对找个人依靠的需求时，自我感觉相对良好的红色选择了"不婚"。

相同性格色彩的婚姻会如何

与性格相反者的爱恋容易让我们陷入难以相互理解之痛，而当我们寻觅更像自己的人时，这可能会是一种令人愉快的相融和理解，但相似的个性也会造成不同的个人问题。

红色与红色——"有趣"的婚姻

优点：自然，令人兴奋，激情，保持婚姻新鲜感，灵活，宽容，彼此分享和心态开放，和孩子共同游戏。

局限：缺乏计划和目标，不稳定，棘手凌乱，冲动，没人聆听，肤浅，没经济头脑。

蓝色与蓝色——"有序"的婚姻

优点：干净的房间，长远的计划，金融秩序，准时，高值教

性格相同者的爱恋让我们不容易在情感中形成互补

蓝色与蓝色——"有序"的婚姻

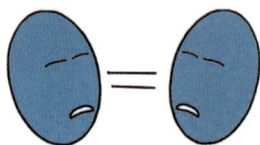

性格相反者的爱恋让我们很难相互理解

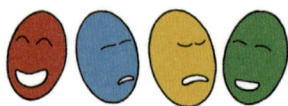

黄色与黄色——"战斗"的婚姻

红色与红色——"有趣"的婚姻

绿色与绿色——"放松"的婚姻

育，记住每次约会，互相忠诚，爱护孩子。

局限：挑剔，沮丧，沉思，不断犯错，循环彼此各自的消极，墨守成规，过高期望加重两者关系的负担。

黄色与黄色——"战斗"的婚姻

优点：目标导向，清晰的界限，高成就，互相尊重，精力充沛，坚持真理，坚定的培育方式。

局限：为控制欲不断努力，没时间给对方，双方的事业胜过婚姻，婚姻没有优先权，对抗式的竞赛，害怕分享。

绿色与绿色——"放松"的婚姻

优点：稳定，和谐，满意，低压，谦虚，对孩子有耐心。

局限：低成就感，缺乏计划和目标，会被孩子掌控，乏味无趣，缺乏深层交流，个人内心的缺失，害怕冲突。

第四章

性格色彩之职场关系

Chapter 4

如何与不同性格色彩的老板谈加薪

对职场人来说，要求加薪在操作上有相当的技术含量。即便你已握有足够的条件和筹码，仍须用适合对方的方式来与老板沟通，才能事半功倍地实现你的美丽"薪愿"。而错误的沟通方式不但不能让"薪情"看涨，反而会让老板对你的信任度下跌。

红色

跟红色老板谈加薪需要一个大家都心情愉悦的时间点，带着愉快的笑容来谈。切忌在他情绪不好的时候谈，或是在谈话中试图施加压力。你要充分表达你对这份工作的热爱，让他感受到你的诚意。比如可以说："报告长官，我认为您再找到下属非常容易，但是找到像我这样对您如此忠诚的下属可能也并不太容易。我加倍地努力工作，我的成绩也说明了这一点，恳请您考虑。"

跟红色老板谈加薪需要一个
大家都心情愉悦的时间点

切忌在谈
话中施加
压力

跟蓝色老板谈加薪需要在一个
安静的正式的场合来谈

忌浮夸、威胁

你可以用这种高调的形式

突出团队 显出诚意
表现对工作的热爱

在安静的地方，你可以

我要求加薪，因为……

因为…… 所以合情合理

或者用这种低调的形式

有人高薪挖我，可是
我对公司有感情

或者这样

努力 加油 好好工作，一定
会主动给我加薪的，哈哈

你也可以开诚布公地告诉他，你可能因为物质原因而跳槽，但又对公司有感情，不愿意离开目前的团队。这样，你就可以说："我必须坦白地说，竞争对手公司找过我了，他们开出的条件比这里多很多，我确实有些心动，但毕竟我在这家公司五年了，对这里感情很深，和同事们相处都很融洽，如果换个地方我也不知道自己是否能适应，我很纠结。"

蓝色

跟蓝色老板谈加薪需要在一个安静的正式的场合来谈，谈薪之前不要让任何其他员工知道这件事。切忌用浮夸不实的吹嘘来武装自己，或威胁说如果不加就走人。

给他充分的理由和符合逻辑的分析，让他清楚地知道你提出的加薪请求是合情合理的。比如可以说："我申请加薪的理由如下：1.……2.……3.……而且我已经在一些同类企业中调查过相应的薪金范围，高档、中档和最低档分别是×××、×××、×××。我现在是低于中档的。"

你也可以用沉默的方式，干脆什么都不说，默默地把事情做到最完美，直到有一天他主动给你加薪。

黄色

跟黄色老板谈加薪，最好是刚刚出色地完成了一个大项目。切忌没有足够的筹码就轻率地去谈，或试图用煽情来感动他。

在肯定自我价值的同时，避免给他妄自尊大的感觉。告诉他，你的存在将会带给他哪些收益。比如可以说："先向您汇报我在过去所做的……这是我对未来的计划……我相信，我们会成为行业中的领头羊，我会带领属下成为最优秀的员工。"

最起码你要知道的是，在黄色老板心目中，能力=薪水，秀出你的能力，承担更多责任，意味着有权要求更高的回报。这样，你也可以说："在您的领导下我取得了这些成就，我觉得我的能力可以承担更多的职责以及尝试更难的任务，如果我的表现令您满意，我希望得到相应的报酬。"

绿色

跟绿色老板谈加薪需要在轻松自在的非正式场合，没有任何的紧急任务需要完成。切忌冲着他大喊大叫，或要求一个超常的加薪幅度，令他觉得难以做到。

要突出你在团队合作中发挥的作用，强调其他人对你的认可及

跟黄色老板谈加薪，最好是刚刚
出色地完成了一个大项目

跟绿色老板谈加薪需要在轻松
自在的非正式场合

在肯定自我价值的同时，避免
给他东自尊大的感觉

要突出你在团队合作中发挥的
作用，让他明白你是必不可少的

在黄色老板心目中，能力=薪水，
秀出你的能力，承担更多责任，
意味着有权要求更高的回报

依赖性，让他明白你是必不可少的。比如可以说："我们所有的计划都进展顺利。我们很长一段时间内都没犯什么错误。实际上，我们已经成功地协调了我们团队和其他团队之间的关系。我感觉我们对彼此来说都是不可缺少的。"

最起码你要知道的是，告诉他你很需要这份工资，没有的话你会很辛苦。这样，你也可以说："老板，最近物价涨得厉害，生活负担很重，给加点工资吧，我会努力干活的。"

不同性格色彩的执行力

忠诚与负责是紧密相连的孪生兄弟，一个忠诚的人通常是负责任的。

蓝色对人忠诚，　　　　黄色对事忠诚；

蓝色对人负责，　　　　黄色对事负责；

蓝色富有"责任心"，　黄色富有"责任感"。

相比之下，红色因为害怕随着责任而来的压力，与蓝色相比，红色的责任只是放在嘴巴里说说。从童年时就露出端倪，就好比四岁的男孩亲了三岁的女孩一口，女孩对男孩说："你亲了我可要对我负责啊。"男孩成熟地拍了拍女孩的肩膀笑着说："你放心，我们又不是一两岁的小孩子了。"

蓝色"做任何事情都要首先制订好计划，然后严格地按照计划去执行"，也许这是蓝色做事中仅次于"要么不做，要做就做到最

不同性格色彩的执行力

蓝色对人忠诚

黄色对事负责

黄色对事忠诚

蓝色富有"责任心"

蓝色对人负责

黄色富有"责任感"

好"最高座右铭之后的第二准则。

当蓝色与红色或黄色一起工作

当蓝色与红色共同去完成一项任务时,蓝色欣赏红色层出不穷的新点子,红色却为蓝色安排的精确度暗暗叫绝。

按理说,他们应该享受彼此优势互补。然而当蓝色开始沉醉于具体步骤的制订时,红色却又常常会钻出来,大声宣告:"兄弟,我又有个新想法,咱们看看好吗?"

红色充满无限快感,爆发完自己的阐述,痛苦降临到蓝色身上。因为起先他已实行的程序,通通被翻盘。

当蓝色被红色的反复无常彻底激怒后,最终他们总有办法说服红色。那是因为蓝色是坚持的,而红色不够坚持。

当蓝色与黄色共同去完成一项任务,先制订了一个大家认可的方案,然而刚开始没多久,黄色因为对速度的关注,突然发现有更近的路可以到达目的地,便毫不迟疑地用惯常的命令式的口吻要求蓝色。蓝色岂是一只软柿子,而黄色总认为自己的观点是对的,这让蓝色变得非常反感和抵触。在一场硬对硬的碰撞中,双方即使充盈着血水、泪水与汗水,都不肯松口,这一切缘于他们都是坚持的。

黄色:用什么猫捉不重要,捉到老鼠最重要;

当红蓝黄绿遇见规则

不喜欢被规则束缚的人，偶尔不按规则出牌会觉得新鲜有趣

最遵守规则的人，并且竭尽全力做到规则内的最好

打破规则的人，他们更希望由自己来制订规则而不是遵守规则

害怕违反规则的人，但可能因为懒散而无法达到规则的要求

蓝色：捉到老鼠很重要，用什么猫捉和怎么捉同样重要；

红色：捉老鼠并不重要，捉老鼠好不好玩最重要；

绿色：你们嫌不嫌烦啊，老鼠不去管它，放在那儿不是也蛮好的吗？

红色和黄色不愿受到规矩束缚，蓝色和绿色在"遵守规则"上却都很明显。两者相比，绿色只是惯性地跟从，懒得去想，你说怎样就怎样；对于绿色来说，和谐的人际环境比规则要重要。而蓝色刻意地要求自己按照既定的规则行事，他们是惯例的守护者。

红色：不喜欢被规则束缚的人，偶尔不按规则出牌会觉得新鲜有趣；

蓝色：最遵守规则的人，并且竭尽全力做到规则内的最好。

黄色：打破规则的人，他们更希望由自己来制订规则而不是遵守规则；

绿色：害怕违反规则的人，但可能因为懒散而无法达到规则的要求。

谁最乐于助人

假设提前安排好的工作，执行时突然出了个小问题，而且是在一个公众场合，谁会在第一时间来到你身边帮助你呢？首先，蓝色即使有心帮你，在他决定动身之前，也会一直不停地思考并观察周围的人是如何反应。蓝色很少打头阵。是黄色吗？黄色尊重强者，鄙视弱者。他们内心本能的第一反应是，你应该要有能力自己解决问题而非假手他人。另外这种小事应由别人出面，自己出手似乎有点掉价了。是绿色吗？绿色的内心虽然以帮助他人为乐，然而绿色却不太乐意给自己揽活，没事找事，那绝对不是他们的风格。

现在你知道问题的答案了吧？是的，就是积极热情，尤其是在人多场合中的红色！

与绿色不同，红色天性积极主动，他们充满爱心，对于外界事物保持密切关注。当红色主动来帮你，那一刻，向对方传达"我希望能为你做些什么"的意思是最重要的。在传递当下，红色会感觉到自己的崇高和快乐，至于是否能做到，这就不是红色考虑的范畴

假设提前安排好的工作，执行的时候突然出问题，谁会在第一时间来帮助你呢？

谁来帮我？

多一事不如少一事，但若他来找我，那我定会帮他

无关乎为何要帮，但我若承诺，必欲帮之而后释然。

虽无英雄打虎之胆，却有自告奋勇之心。

我来帮你！

值得帮助的人应该帮助，锦上添花犹胜雪中送炭。

想想周围人的反应吧……

了。现在我们很容易就能够理解，为什么在工作和生活中经常会有很多人自告奋勇地承诺一些事情。

顺便提醒一下，很多红色在帮了你的忙之后，都会充满喜悦并用期待的眼神看着你说"还不错吧"。

这种行为一方面是因为红色希望自己的付出能够得到足够的认可；另一方面，即使是陌生人，红色也自然地通过不经意的肢体接触，向对方传达"我愿意和你拉近距离"，在这样欢快的气氛中，瞬间就让你觉得和他亲近了很多。

谁是工作中的"拖拉机"

作为老公：一件干洗的衣服，可以一拖半年都忘记去取，其实是懒得去拿，最好老婆帮他去拿。公司汇了笔兼职工资到账户，结果拖了两个月才去查账，最后发现财务因名字写错没汇到。时过境迁，不好再去麻烦别人，只好放弃。

作为友人：乃摄像发烧友，许多同事找他去做婚礼的摄像。这人脾气也好，有求必应，拍摄完答应刻好光碟送给朋友。可他事情太多，催他时朋友见他自责，也不好意思催太急。结果最久的一个，结婚半年后还没看到自己婚礼的录像，真是郁闷啊！

作为同事：很多账目懒得核对，不能及时报销，曾一再被提醒也收效不大。结果去年因工作关系离开公司，仍有一万多元的账目对不上，不得不自己掏腰包。

作为部属：一业务员，当时正谈重要客户。会议上主管对他说："谈业务要快，你开完会就去给客户电话。"回答说："明白。"十点钟问进展如何，回答说："电话没通。"中午又问如

我也不总是懒散的。

他们的性格不易伤害人

平和　温顺　回避冲突

我会疯狂抢购
使生活变得轻
松的东西。

如果灯泡坏了，还有蜡烛，
急什么呢？

我在学校喝饱了，
回家不要喝

水
热水

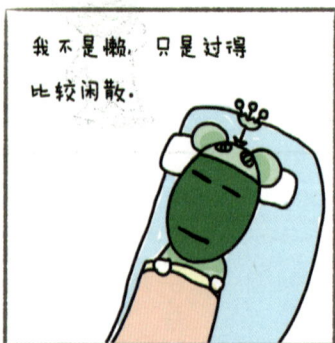

我不是懒，只是过得
比较闲散。

何，回答说："忘了。"十分钟后回答说："下午来。"下班的时候问怎么样，回答说："啊？没来。""速去再打！"答："客户关机。"

如果你曾经体验过这些，你就明白为何人们对他们怒不可遏。

绿色总是追求可以活得更轻松，用最简单的方法来完成事情，或者让事情自动发生，外面流行的《简单生活指南》这类书籍看起来就是在描述绿色的生活。

我绿色的弟弟家里，通常我是拒绝去的，原因是每次总是憋了一肚子气回来。三个月前饮水机出故障，家里无水可喝，当时叮嘱他要赶紧解决。三个月后再去他家，依旧如此，问："为何迟迟不修，难道你自己在家不喝水吗？"他振振有词地看着我说："我在学校喝饱了，回家不要喝。"

绿色看起来行动迟钝，磨磨蹭蹭，慢慢腾腾。事实上并不是真正的身体疲倦，而是心理上处于一种什么事也不想做的闲散状态。绿色除了工作和参加必要的社会活动外，很少有参加其他活动的愿望。

我反复强调"绿色也会用他们的方法伤害人"的观点，原因何在？的确，绿色是四种性格中最不容易伤害他人的人，他们的平和、温顺、回避冲突，都使他们不像红色那样张牙舞爪、蓝色那样阴森挑剔、黄色那样凶狠凌厉。然而绿色这种"眼见轮胎已磨平，却还拒绝修复它"的态度，实在是"得过且过"的最好脚注。我甚至想象，假设是绿色一个人生活，他甚至会容忍如果灯泡全部坏了的话，就用蜡烛来取光，渐渐地他会习惯没有电灯的日子。他们那种在艰难环境下"苟且偷生"的本领，是幸还是悲？你来做定论吧！

挖人时最有人格魅力的性格色彩

　　对于很多机构来讲，高层职位的核心人员因为良驹难觅，到同行中挖人是常用手法。除了选择猎头和你的开价以外，挖人者是否有足够的能量影响候选人，是个非常严肃和至关重要的问题。比如你从可口可乐把销售部经理张三抓到百事可乐需要的能量，比你从微软把李开复挖到Google（谷歌公司）需要的能量，所需完全不同。另外，被挖的人是自己想离开，还是从未动过离开的念头，需要你去设法说动他离开，从挖人的难度上也完全不同。

　　除了专业的谈判与程序外，到了一定级别，"挖人者"的个人魅力与影响力对于"被挖者"至关重要，有时因为对你的人不感兴趣，我就是不愿意跟你在一起工作，你能怎么样？以下我记录了一个红色的老板，是如何施展个人魅力的成功案例。

　　黄色的Tom已在A公司服务八年，A公司和B公司分属行业中全球最大，彼此是冤家对头。最初B公司的红色老板通过猎头几次约见Tom，都被拒绝，主要原因是：Tom在半年前刚被晋升；年度调薪

在即，自己有绝对把握大幅加薪；自己所负责的业务板块比对方公司实力强。基于以上三点，Tom认为自己根本不会跳槽，也就毫无兴趣见面商谈。

B公司的红色老板并未就此放弃，索性直接致电Tom约见，在电话里，红色天生的热情、生动的口才再加上毫不做作的诚意让Tom心中一动，终于答应见面一谈。在听了Tom的见解之后，这位红色老板便将他所掌管的组织结构、人员配置、业绩现状、未来目标以及战略计划，甚至还有一些敏感的办公室政治，都滴水不藏地和盘托出；并对Tom未来的安排与个人发展，都做了非常吸引人的安排。所有的谈话在真诚和开放的氛围中进行，没有一丝隐瞒，这让黄色的Tom深感震撼。毕竟在竞争对手之间，这样做是很冒险的。

由于红色提供的条件优于Tom的现状，虽然系统还不完善，但挑战对于Tom是有吸引力的。最后只剩下薪酬的问题了，而这也是最为关键的因素之一。由于A公司的加薪比例还未最终决定，红色老板就建议Tom按照预估比例，把年薪计算出来提供给他参考，而红色老板也完全相信Tom提供的预估数据。

后来还有一系列的沟通，由于红色老板一开始为整件事情定下了非常真诚融洽的基调，最后成功地把Tom挖了过去，这也是A公司有史以来被挖的本地员工中级别最高的一个。

你以为这个红色的老板是冤大头吗？你以为他不明白"害人之心不可有，防人之心不可无"的古训吗？红色只想表达自己对人的绝对信任，这对于其他性格来说是不可想象的。黄色的理性和注重事实、蓝色的理智和谨慎小心、绿色的安全和胆小怕错，都会本能地排斥这样的行为。唯独红色，他们的开放、透明、真诚让他们给人温暖。Tom从来就不是一个冲动的人，当我以巨大的诧异和怀疑询问他当时的心态时，Tom坦陈：我从来没有遇见过这样一个信任我的人，他的热忱使我没办法拒绝。

不同性格色彩的客户服务

了解不同性格色彩的客户服务方式之前，先看他们的人际交往模式。在四种性格中，红色和绿色更容易让人感觉到亲和力，而黄色和蓝色因为严肃，都让人觉得有距离感。

红色和绿色的"亲和力"不同。绿色能完全做到"我不入地狱，谁入地狱"的忘我宽容境界，因此最不容易和他人起冲突。

既然红色也容易和他人起冲突，为何黄色与蓝色不如他们强烈？细细审视，主要是因为红色"有错就认"和"不记仇"。

红色在冲突发生时，气势汹汹，力图在口舌上占据上风。几分钟前和你面红耳赤，非要讨个说法不可，几分钟后如果发现自己错了，就立即跑过来和你认错，让你哭笑不得。

黄色面对冲突时，会异常顽强和亢奋。对他们来讲，斗争本身就是一种乐趣。冲突对于他们来讲，显然是家常便饭；而在所有人中，黄色也最容易和他人发生正面冲突。

蓝色并不像黄色那样冲动，他们的内心停在"秀才遇见兵，

当接到投诉电话，不同色彩的反应

绿色最不容易和他人冲突

我不入地狱，谁入地狱

黄色面对冲突时，会异常顽强和亢奋

红色在冲突发生时，气势汹汹，力图在口舌上占据上风

蓝色以固执而不妥协著称

"秀才遇到兵，有理说不清"

然而几分钟后如果发现自己错了，就立即跑过来和你认错

七字真言：

有错就认 不记仇

有理说不清"的境界，似唐僧般地娓娓道来是他们的最爱。遗憾的是，当处于压力状态下，蓝色的冲突以固执而不妥协著称，或用他们的隐性手法表示内心的愤怒。这种冲突的延续性，在所有性格中是最长的。

与红色顾客打交道

红色顾客急切地希望问题立时获得解决，根本不管你费了多少口舌解释为什么这个复杂的状况不可能在48小时内就解决。

红色顾客的表现：擅长口头攻击，经常希望用语言压倒对方，如："我想知道如果给你们的老大写封信的话，你是否可以改善态度呢？"

与红色顾客打交道时要：

● 嘘寒问暖，理解他们的态度

● 大量的口头妥协交换条件

● 保证承诺会被兑现

与红色顾客打交道时不要：你可能会以为最好的方式是面无表情地坐在那里，任由红色对你长篇大论地进行指责。事实上，你应该主动给他们一个迅速而又热情的解释。这样的做法更为妥当，

与红色顾客打交道时要注意：嘘寒问暖，理解他们的态度

大量的口头妥协交换条件

保证那些许诺将被兑现

与蓝色顾客打交道时要注意：提示他们对过程和细节进行描述是正确的

对他们的精确度和全面性进行赞扬和肯定

有意识地顾全他们细腻的自尊心

承诺

表示你并没有把他们忽视。

与蓝色顾客打交道

蓝色顾客不像黄色那样以汹汹的气势压倒对方，或像红色那样用巧言令色的手段给别人压力，也不会像绿色那样显得顺从，他们更会在言语中显现出锐利的边锋来。

蓝色顾客的表现：蓝色倾向于历数事件发生的次数和细节，并对由于错误导致他们必须忍受的过程进行冗长的陈述。

与蓝色顾客打交道时要：

● 提示他们对过程和细节进行描述是正确的

● 对他们的精确度和全面性进行赞扬和肯定

● 有意识地顾全他们细腻的自尊心

与蓝色顾客打交道时不要：你会发现他们会忍不住在细节上做拖延。但如果你希望维持他们的客户忠诚度，就应系统并精确地与蓝色沟通，强调你更关注的是公正合理的模式。

与黄色顾客打交道

作为投诉者的黄色，显得争强好斗，一般会打断话题，用威胁性的气势占据主导，如："如果你在这件事的解决上再不给我一个确切答复，明早你就接到我的律师信。"

黄色顾客的表现：黄色可能表现得不愿意合作，试图宣布时间期限和条件。但你应该清楚他们需要看到结果，或至少可以切实地感受到事态正在进一步发展并有被推动的希望。

与黄色顾客打交道时要：

● 快速反应

● 让他们感受到他们已控制了局面

● 使他们对你的办事效率有信心

与黄色顾客打交道时不要：与黄色顾客争执。"没人可在同顾客的争执中获胜"，这是一个客服的公理，尤其在和黄色打交道时更是加倍正确。

与绿色顾客打交道

绿色最不可能大声争辩，他们不愿公开抱怨或争吵，仅把不满

与黄色顾客打交道时要:

快速反应

与绿色顾客打交道时要:
对他们承诺不好的状况很快
就会解决

让他们感受到他们已控制了局面

担保过程是轻松愉快的

使他们对你的办事效率有信心

显示出你对客户关系的格外
重视

意的情绪内在化，以后改换门庭再也不做光顾。所以如果你一旦察
觉到了问题所在，你必须马上把它们说出来。

绿色顾客的表现：绿色最恨冲突，所以他们仅仅希望问题可
以过去，至于怎样解决问题对他们来说都不那么必要。

与绿色顾客打交道时要注意：

● 对他们承诺不好的状况很快就会解决

● 担保过程是轻松愉快的

● 显示出你对客户关系的格外重视

与绿色顾客打交道时不要：你可能会因表象认为，这些看起
来温顺的人不需要一本正经地加以重视。但请记住，如果他们无法
获得满足，他们会静静地离开去其他的地方。

不同性格色彩如何销售

一个销售高手，应该了解红色的顾客对赞誉是没有抵抗力的；蓝色的顾客格外注重逻辑性和缜密性；而黄色的顾客需要的是过程中的控制感；绿色的顾客则希望获得更多的支持和帮助。最成功的销售高手会针对不同性格色彩的客户，制订不同的销售策略，并在实际运用中因"色"而售。

如果你是一个红色或黄色性格的销售人员，你正在为如何搞定蓝色和绿色的顾客而头痛的话，请记得他们做起决定来都比较缓慢和保守。所以，先给他们一个轻松的氛围，多问问他们的意见并想办法在自己的表述中肯定和结合他们的意见，令他们感觉是自己起主导作用而不是由你来控制局面。

多听少说是关键，在对话中不要打断别人的讲话，或在语言中有争论的火药味。切忌操之过急，在对过程的推动中，如果销售的进展速度超过他们的预期，会引起他们的不安情绪。而对待任何争执和不同见解你都需要尽量圆滑地处理。

不同性格色彩如何销售

红色的顾客对赞誉和激励是
不具有免疫力的

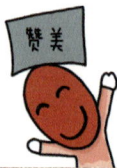

赞美

绿色的顾客则希望获得更多的
支持和帮助

蓝色的顾客格外注重逻辑性
和缜密性

细节

最成功的销售人员会针对不同
客户类型制订不同的销售策略

黄色的顾客需要的是过程中
的控制感

并在实际运用中因"人"制宜

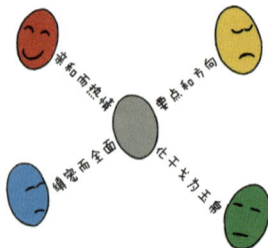

亲和而热情　　　　重点和方向

缜密而全面　　　　在于大方向

　　如果你是一个蓝色或绿色的销售人员，对待的是红色或黄色的顾客，你需要马上调整并加快你的步调，发起交谈，提出推荐和建议，避免旁敲侧击或闪烁其词。用眼神与对方接触，热情有力地与他们握手，语气保持有力和自信。

　　如果你是一个红色或绿色的销售人员，你自然而然地会更加倾向于关注情感和交情。但是如果你在与蓝色或黄色的顾客打交道的话，你应该把关注点放到事情和业务本身上来。所以比较妥当的处理方式是：开诚布公地谈论价格的底线、举出大量的事实例子并符合严密的逻辑。如果可能的话，准备一个方案并坚持地加以执行。使你们的交谈尽可能地精练而且集中。

　　请适当收敛你天性中具备的热情和亲和力吧，对蓝色和黄色的顾客来说，过分的好心和热情容易引起他们的怀疑，认为你是在"炒作"。他们不喜欢陌生人离他们的空间距离太近，也不喜欢与人有身体上的碰触。所以除了握手不要做别的身体碰触，直到你敢确信有些表示亲热的举止是可以被接纳的。当然，特别注意你的衣着不要过于花哨和另类也是重要的。

　　相反的，如果你是一个蓝色或黄色的销售人员，当你需要处理与红色和绿色顾客的关系时，请把你的感受和情绪与他们分享。向他们介绍你自己，并跟他们聊些有趣的话题，例如他们的工作、家庭、业余爱好等。然后把上述了解到的信息运用到今后与他们的接触中。把语速放慢，试着用友好非正式的语调讲话。容许时间变得比较弹性，忍受话题的偏离，比如跑题到故事和逸闻上头，这些都

FPA®的核心在于：任何人都是容易相处的，只要你适得其法

与蓝色的顾客打交道，你要着重于特别和全面彻底的完善准备

知道如何按照适合他们需求和性格的方式去对待他们

鉴别

理智

情感

与黄色的顾客打交道，你要高效率和干练，有能力胜任的感觉很重要

与红色的顾客打交道，你要倾听和支持他们的想法和梦想，并赞美他们

与绿色的顾客打交道，你要着重表现你的温暖和诚挚

有助于与你的客户保持良好的沟通。

　　红色和绿色对于亲近的近距离接触并不反感，甚至觉得是舒适的。所以可以站得离他们比你平时能接受的程度更近。用一些自在轻松的姿态如微微倾斜、面带微笑，甚至是程度轻微的勾肩搭背。

　　FPA性格色彩的核心在于：任何人都是容易相处的，只要你适得其法，知道如何按照适合他们需求和性格的方式去对待他们。与红色的顾客打交道，你要倾听和支持他们的想法和梦想，并赞美他们；与蓝色的顾客打交道，你要着重于特别和全面彻底的完善准备；与黄色的顾客打交道，你要高效率和干练，有能力胜任的感觉很重要；而与绿色的顾客打交道，你要着重表现你的温暖和诚挚。

不同性格色彩的时间管理

红色：常常忘了时间

总认为还早呢，趁着兴头尽情玩，结果常苦于时间不够而疲惫困乏。如果遇见烦恼，会觉得时间停止了，过得很慢，想立刻从烦恼中逃脱。所以当他们被指派做枯燥乏味的工作时会失去活力，觉得难熬。

蓝色：严守时间

因为必须尽忠于自己的主人——时间，重视起始与截止期限并严格遵守，如果在规定时间里没有完成任务，没能严守时间，他们往往会陷入极度的慌乱。如果被指派同时做很多工作，他们会非常困窘不安。为使手头上的工作趋向于完美，要认真检查。要做的事

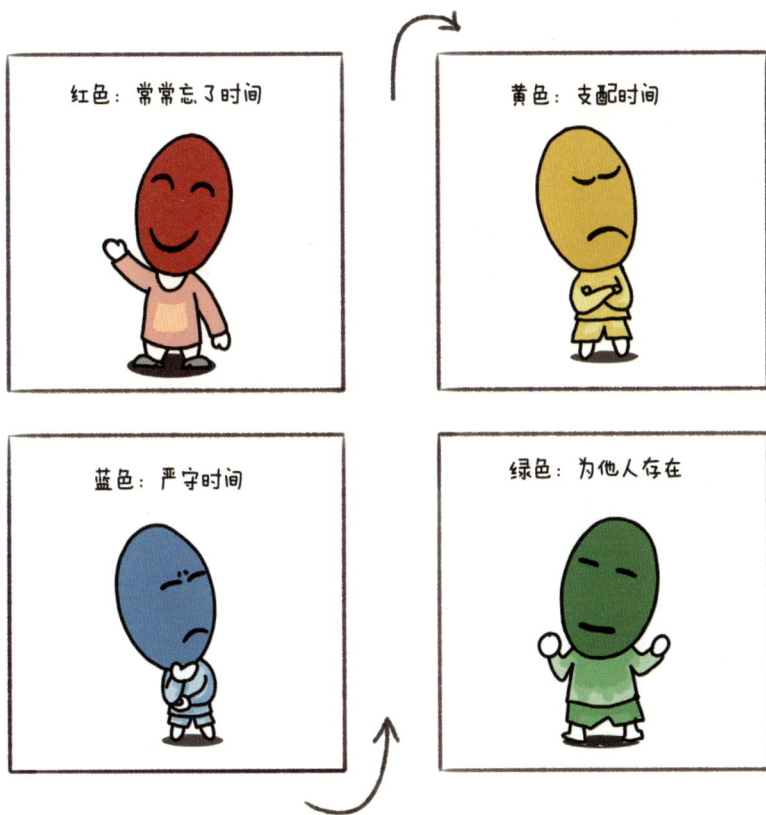

红色：常常忘了时间

黄色：支配时间

蓝色：严守时间

绿色：为他人存在

情很多，必须认真做。告诉蓝色时间充裕的情况下仔细做一件事他会接受，而如果临时突击性地让他把一件事情迅速搞定，他会感到恼火。

黄色：支配时间

他们认为，人被时间左右就是软弱的表现，竭力避免被时间摆布。如果被时间追赶着，无法把握时间，会觉得自己不再是强者，生命的能量自然会减少。因此他们严守时间，而且不为时限所困，尽快把事情做完，乐于在一段时间内做很多事情，他们具有合理分配时间、调节工作目标的能力，如果遇见紧急的事情安排黄色去做，即便任务很重，他们也可以按时完成。

绿色：为他人存在

时间应该像单调的节拍那样，他们最喜欢有规律的、没有矛盾、没有变化、缓慢流动的时间。当在规定时间内要完成很多事情，一旦有变化或者更改，就会产生难以忍受的混乱感。如果突然破坏他原有的规律，他们内心会矛盾，心理负担加重，只想一走了之。

不同性格色彩如何开始

好的开始等于成功了一半。不同性格的人，开始的契机、方式和速度各不相同。几个大学生想创业，经过调查发现捡垃圾能挣钱，有的人会去做，有的人拉不下面子不会去做。同样一个开始摆在面前，可能带给你明日的商业帝国，也可能引你走入盲目的陷阱。史玉柱豪情万丈的一个开始，导致了高耸入云的巨人大厦日后的烂尾，也正因为他性格的强势、自信，让他背负债务从头开始新的"征途"。开始还是不开始，与性格有关。

山洞里住着四个原始人。以颜色命名，称为红色、蓝色、黄色和绿色。红色一向好动，喜欢在山间嬉戏，有一天拿着朵毛茸茸的小花奔回来："你们看，这朵花是从南边飘过来的，那边肯定有更加丰富的水源和果实，我们到那边去吧！我相信我们将会有一个新的开始！"对于新生事物，红色敏感而且开放，很容易投入。黄色接过花看了两眼："这种花的生长需要比这里更充足的阳光和水，

不同性格色彩如何开始

好的开始等于成功了一半。不同性格的人，开始的契机，方式和速度各不相同

一旦决定要开始，刻不容缓

红色一向好动，敏感而且开放，很容易投入。

绿色很少有强烈的欲望要开始，一般在别人推动下才会脱离原有轨道

黄色是个现实主义者，善于抓大放小，基于要点做出判断

蓝色的谨慎和保守，让他成为最不愿意轻易开始的那一个，但一旦开始，就会按部就班地坚持去做

想必那边的土壤更肥沃，空气更新鲜，居住条件更好，我们马上动身！"黄色是个现实主义者，善于抓大放小，基于要点做出判断，一旦决定要开始，刻不容缓。绿色看见两个人都决意要去，也就附和："其实对我来说去不去都没什么关系，但既然你们都去，那我也跟着去好了。"绿色很少有强烈的欲望要开始，一般在别人推动下才会脱离原有轨道，这样的态度，导致他不会是第一个开始的。当大家的目光都聚焦到蓝色身上时，蓝色发话了："那边真的会比这里更好吗？路上会不会有危险？即使真的要去，也等我研究好路途的方向，准备好足够的干粮再动身吧。"蓝色的谨慎和保守，让他成为最不愿意轻易开始的那一个，但一旦开始，就会按部就班地坚持去做。

不同性格的人，有的开始快，有的开始慢，但为了有一个好的开始，都需要面对自己性格中的问题。

不同性格色彩如何避免踩进"开始"的陷阱

红色

何时开始——心动便是行动时

红色与黄色一样是善于快速抓住机遇的人。区别在于黄色是凭借对所掌握的事实的判断，而红色更多地会借助感觉和灵感。当一个新的机会显现在红色面前，红色在心底呐喊一声"就是它了"，瞬间的亢奋让他全情投入。

开始的障碍——压力、困难、不好玩、别人的眼光

红色以快乐为导向，当开始一个新里程时面临巨大压力，困难重重，而且必须做一些枯燥琐碎的事务时，红色心里就打起了退堂鼓。而且，因为红色太在意别人的看法和眼光，也会因为别人不赞成而内心忐忑，止步不前。

红色
何时开始——心动便是行动时

开始的陷阱——草率开始，有始无终

开始的障碍——压力、困难、不好玩、别人的眼光

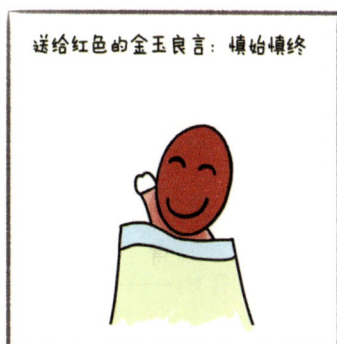

送给红色的金玉良言：慎始慎终

开始的陷阱——草率开始，有始无终

红色是天生的梦想家，在他们眼中前路是那么美好，以至于那些小小的绊脚石几乎没有被他们发现。因为红色的心情容易受到外界影响，而情绪的波动又对事业产生干扰，结果就是一个开始没有走多久就放弃掉了，重新再来一个开始，很快又放弃。于是红色就像挖金子挖到还剩三尺的地方就停住的那个倒霉鬼一样，没有得到他预期的结果。

送给红色的金玉良言：慎始慎终

红色应该向蓝色学习。开始之前，基于现实的条件做充分的评估才拟订计划，对于计划的可行性做足够的验证，要么不开始，一旦开始，就要坚持到底。

蓝色

何时开始——经过周密而严谨的逻辑推理之后

蓝色和绿色开始都慢，但各有各的慢法。绿色慢是因为安于现状不思改变，蓝色慢是基于对完美的追求和对安全性的注重。面对天上掉下的馅饼，蓝色不会像红色那样捡起来就吃，而是先后退半步，仔细打量一番后，再用戴着消毒手套的手去拿。话说第一个吃螃蟹的人要么是红色要么是黄色，绝不会是蓝色，蓝色是等一百个

蓝色
何时开始——经过周密而严谨的
逻辑推理之后

开始的陷阱——一旦开始了就停
不下来

开始的障碍——不够完备，不可预测
性，内心的担忧

送给蓝色的金玉良言：不要等到
百分百瞄准才射击

人吃了之后没有死才会去尝试的。

开始的障碍——不够完备，不可预测性，内心的担忧

蓝色领导的团队要递交一份计划书给客户，他很清楚竞争对手也在做同样的事。出于蓝色性格的谨慎和完美主义，他将精确率论证到98%才出手，而对手却在三天前就递交了一份精确率仅有92%的报告。于是，因为"开始"太慢，蓝色出局了！这是一件多么可惜的事。

开始的陷阱——一旦开始了就停不下来

某著名画报的出版人把重要的采访任务交给他手下文笔最好的编辑，但编辑是蓝色，回答说手头有一个之前启动的选题正进行到最后关头，不能停下来。出版人发了火，但蓝色依然坚持要有始有终，最后导致一场差点离职的冲突。蓝色的过于坚持、不灵活，有时可能会变成劣势，也成为他不能重新开始的陷阱。

送给蓝色的金玉良言：不要等到百分百瞄准才射击

蓝色的完美主义会阻碍他自在的开始。总是怀疑不够精准因而一再延期开始，最后的结果是错失本来可以到手的机会。

黄色

何时开始——看到结果就开始

黄色是以目标为导向的人，当黄色开始行动时，他不一定经过复杂的思考，但必然已经看到了开始之后的结果是他想要的。黄色不在情绪上纠缠，也不感兴趣于细节，他只抓要点。既然结果OK，那么就马上开始，早一天开始，早一点拿到结果，有什么好拖的呢？

开始的障碍——几乎没有障碍

黄色是否开始取决于他有多想要那个结果。只要结果对于他而言是重要的，那么无论别人怎么泼冷水，他都不为所动。反过来，如果结果不足以吸引他，那他根本就懒得动。

开始的陷阱——忽视小事，忽视感受

黄色也会在开始上犯错，他的犯错是因为对细节关注不够，而且他不太在意别人的感受。如果黄色一个人冲锋陷阵，可能问题和麻烦会少些，但如果他是带领团队的，在他面临抉择的关键时刻，如果他忽视团队成员的感受而只是强调结果，势必会遭遇团队中其他人的消极抵抗。

送给黄色的金玉良言：细节决定成败

眼高于顶的黄色有时应该像蓝色一样弯下身子，研究脚边的花

花草草，因为你不知道什么时候这些细节就会起到关键性的作用让
你功亏一篑。

绿色

何时开始——能不开始就不开始

如果要列一个开始排行榜的话，绿色在开始的速度上未必处于
最后，因为蓝色同样慢，但从开始的决心和动力来说，绿色必定压
尾。天生的心态平和，好好先生绿色，很容易陷入一种"开始了又
怎么样呢"的摇摆心态中，这种恋旧心态本质上是不愿意改变，因
为改变意味着动荡，是希求稳定的绿色所排斥的。

开始的障碍——没有欲望和动力，拖拉

我曾问过一位绿色的上市公司老总："你是怎么坐到这个位子
的？"他的回答令人喷血："是他们要我做的。"原来绿色的他从
没有争上位的欲望，只是凑巧公司经历了两次大的人事变革，高层
出走，加上他一向的好人缘赢得众望所归，被推上了宝座。既然完
全没有向上走的欲望，绿色又怎么有动力去开始呢？如果绿色开始
了，要么，是别人让他开始的，要么，是不开始他就活不下去了。

绿色
何时开始——能不开始就不开始

开始的陷阱——为了别人而错误开始

安全

开始的障碍——没有欲望和动力，拖拉

送给绿色的金玉良言：该出手时就出手

开始的陷阱——为了别人而错误开始

绿色往往因为别人的期望和要求而做了自己并不真正想要的开始。可是开始容易收尾难，有些事一旦开始就不能反悔了，所以可怜的绿色只能为了别人而开始，为了继续而继续，没有把时间和精力用在对自己有价值的事情上。

送给绿色的金玉良言：该出手时就出手

绿色天性欲望不强，但绿色也有自己想要的东西。不要犹豫和拖延，为了自己勇敢地开始吧。

第五章

性格色彩之生活面面观

Chapter 5

不同性格色彩的炒股心态

红色——又贪又怕

红色容易相信消息，也容易相信报纸中说的"扫厕所老太偷听炒股人讲话净赚百万"之类的故事。红色什么都想要，一旦劲头上来了，像买菜似的，猛地扒拉十几只股票到篮子里；当风声不对了，"割肉跑路"的呼声此起彼伏，红色也是最先响应的人群。看得出来，没有修炼过情绪控制的红色很难成为股市赢家。

蓝色——不贪只怕

蓝色对于风险天生比较敏感，也信奉"不把鸡蛋放在一个篮子里"。出于对安全的考量，蓝色一般谨慎地选择投资组合，即使势头正好，手中的股票稳涨也不轻易加码；反之，卖掉股票时也是有步骤地放手。蓝色炒股，很难大赚，很少大亏。

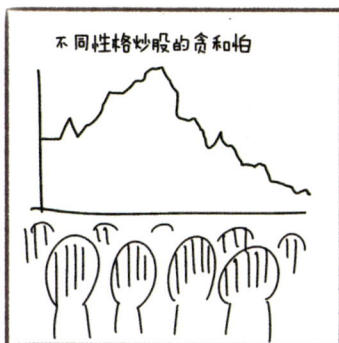

不同性格炒股的贪和怕

蓝色 — 不贪只怕

蓝色一般谨慎地
选择投资组合,
不轻易加码

蓝色炒股,
很难大赚,
很少大亏.

红色 — 又贪又怕

红色容易相信消息,什么
都想要,一旦劲头上来了,
傻买某似的,当风声不
对了,"割肉跑路"
的呼声此起彼伏

绿色 — 不贪不怕

绿色炒股吗? 这是
个值得探讨的问题.

黄色 — 只贪不怕

黄色买股票
有个特点,
看中一两
只全线杀
入,打算
放弃的时
候全线杀出

黄色炒股,
要么大赢,
要么大亏

绿色并没有投资赚大钱的欲望,多半是在
别人带动下顺势买一点,亏了也不心疼

多数时候因为绿色没有赚钱的意识,不去
主动规划,所以也无法赚到较多的钱

黄色——只贪不怕

黄色有很强的主见，不容易被别人影响，形成自己的判断后，不管股评家怎么说，报纸新闻怎么写，周遭的同事如何人心惶惶，手握重股，我自岿然不动。黄色买股票有个特点，看中一两只全线杀入，打算放弃的时候全线杀出，手笔不大不足以让黄色有感觉。黄色炒股，要么大赢，要么大亏。

绿色——不贪不怕

绿色炒股吗？这是个值得探讨的问题。从动机上分析，绿色并没有投资赚大钱的欲望，多半是在别人带动下顺势买一点，反正亏了也不心疼，所以也不用天天盯着看。对于炒股那点事儿，绿色的顺其自然有时会让他莫名其妙地获利（别人都跑了他不跑，逆市而动，反而赚了），但多数时候因为绿色没有赚钱的意识，不去主动规划，所以也无法赚到较多的钱。

不同性格色彩如何投资基金

　　对于黄色的投资者，我们推荐3：2：1的基金投资组合（3份股票型基金，2份股债混合型基金，1份债券型基金）；对于绿色的投资者，我们推荐1：2：3的基金投资组合；对于红色和蓝色的投资者，可以推荐1：1：1的基金投资组合。

　　对于黄色来说，其投资理财的天性是愿赌服输，投资理财的期望值较高，承受风险的能力也较强，为了达成投资目标，可以忍受痛苦漫长的投资过程，在实际生活中往往能赚大钱，也可能亏大本。对于黄色的投资者，应选择既可以满足其较强的赌性，又可以对冲其较大的风险的基金，这样才能避免出现亏损过大的结果。

　　对于绿色来说，其投资理财的天性是淡对盈亏，投资理财的意愿不足，通常只是碍于情面或者从众做些投资，期望值不高，忍受力不弱。对绿色投资者要鼓励其克服投资惰性，帮助其实现既较为稳健可靠又足以淡定人生的投资目标。

　　对于红色来说，其投资理财的天性是以投资为乐，投资目标

我们推荐

	股票	股债	债券
	3	2	1
	1	2	3
	1	1	1

红色投资理财的天性
是投资为乐，投
资目标时高时低

黄色投资理财的天性
是愿赌服输，投资理
财的期望　　　值较高，
承受风　　　险的能
力也较强

蓝色往往习惯于基于
自己的理性分析决定动态
调整投资组合

对于绿色来说，
其投资理财的天性是淡
对盈亏，投资理财的意
愿不足

股市有风险！
投资须谨慎！

时高时低、时东时西，风险承受能力也时高时低、时好时坏。对红色的投资者选择的基金组合应为既可以满足红色体验投资的心理需求，促使其随时关注不同投资市场的变化动态，又可以克服其因为情绪变化或者因为市道变化而频繁变动投资组合的惯性，从而匀平过于波动的投资收益和风险。

对蓝色的投资者，选择股票型基金最好是既包括主动型股票基金又包括指数型股票基金，或者既包括开放型基金又包括封闭型基金，其中债券型基金部分也可以考虑一下保本型基金。推荐这样的基金组合，是因为蓝色往往习惯于基于自己的理性分析决定动态调整投资组合。如果基金组合较为均衡稳定，一来可以发挥蓝色乐于也擅长分析的特长，让其保持对不同类基金的分析判断能力；二来可以克服其因为多疑而不投资或过于相信自己的分析而频繁变动投资组合的天性弱点。

（此文出自FPA性格色彩学员 宋三江）

不同性格色彩在购房中的差异

红色

红色会因为有真正的买房需求（所谓刚需，比如婚房）而买房，会因需要自由空间希望独处（非刚需）而买房，会因为攀比心态买房，也会考虑投资而买房。总之，红色买房的原因很多，内心有不同的欲望需求后他们会与外界沟通或者倾诉，在外界的影响和内心欲望的共同作用下做出决定。

优势：

1. 交际圈广泛，朋友多，信息渠道多。
2. 出手快，把握机会能力较好。

过当：

1. 容易轻信他人意见，做出非理性决定甚至被骗。
2. 太容易被别人意见左右，反而拿不定主意，错失机会。

红色：交际圈广泛，朋友多，信息渠道多，出手快，把握机会能力较好

黄色：如果需要买房自住，会在考虑经济状况的情况下买。主要考虑交通便利程度，为了工作方便

蓝色：兼顾亲人的需求和理性投资。将可控风险降到最低

绿色：心态好。不攀比，不计较。买贵了也不痛心疾首，或者埋怨别人错失机会

3. 需求太多，什么都想要，或者攀比心态，很容易超预算支出，增大了日后的生活压力。

蓝色

优势：

1.兼顾亲人的需求和理性投资。

2.将可控风险降到最低。

过当：

1.因追求面面俱到或谨慎观望而错过最佳买房时机。

2.会因为需要解决住房问题而买房自住。

黄色

优势：

1.当机立断，不错过机会。

2.相当理性，不被忽悠。

过当：

听不进别人意见。

如果需要买房自住，会在考虑经济状况的情况下买。主要考虑交通便利程度，为了工作方便，房型、面积、绿化等都可以牺牲——在资金不够的情况下。而如果黄色确实有买房需求，他是不大考虑房价现状的，最多牺牲一下面积或者其他配套设施，该买就买。以后跌了也和他没关系。

绿色

自己本身没有强烈的买房需求，不会主动要买房。在其他三种性格色彩的推动下会参与买房。

优势：

心态好。不攀比，不计较。买贵了也不痛心疾首，或者埋怨别人。

过当：

1. 因为要求很低，都可以接受，所以很难做决定，在踌躇中错失机会。

2. 因为缺乏行动力，需要伴侣的推动，也容易受到伴侣的影响。如果伴侣决策错误，绿色会将错就错（比如与红色伴侣共同计划买房的话）。

不同性格色彩如何减压

如果生命是块调色板，你是热情奔放的红色还是忧郁低调的蓝色？当疾病、烦恼、压力袭来，能否从容地健康面对，很大程度上取决于你的自我认知和心理平衡能力。拥有再多的别墅或名车，都不可能比拥有一个持续快乐的心境更有价值。做个轻装上阵者，就从今天开始。

红色：逃脱情绪陷阱

修炼秘诀：放下情绪

1.记一本心理日记或加密的博客，当感到自己的情绪快要失控时，将它写下来，既是一种宣泄的途径，也可以事后观察自己的心理波动是因为什么样的事情而产生，从而加以提前避免。

2.如果突然感到心情很糟，不妨放下手中的工作，找朋友聊天倾诉或出去走走，甚至去人烟稀少的海岛度个小假轻松一下。

如果生命是块调色板，你是热情奔放的红色还是忧郁低调的蓝色？

黄色：走出工作狂的迷宫

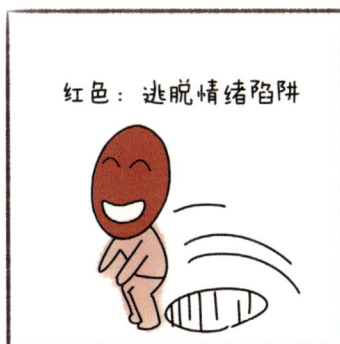

红色：逃脱情绪陷阱

绿色：找回前进的行动力

蓝色：冲破枷锁

你该如何减压？

3.不要在明显有情绪的时候做出任何决定，以免后悔终生。

蓝色：冲破枷锁

修炼暗器：把问题简单化

1.从密密麻麻的计划列表中解放出来吧，勾选出每天最重要的三件事，将80%的精力花在最值得去做的20%的事情上。

2.偶尔放下手中的黑格尔，看看类似《康熙来了》这样的娱乐节目，请不要指望一定从中学到什么东西，只是让自己瞎开心一小时。

3.与其担心别人怎么看你，不如多给自己一点信心和鼓励。在镜子上贴张小纸条，写上自己的优点。

黄色：走出工作狂的迷宫

修炼要术：给生活做减法

1.将工作分为"硬性"和"软性"两种，减少下达命令和执行任务的"硬性"工作时间，与之相应地增加和工作伙伴喝茶闲聊、关心下属的个人生活的"软性"工作时间。后者是工作中人际关系的润滑剂。

2.减少对同事和下属的批评，增加对他们的赞美和具象的认可，鼓励他们做得更好。

3.减少对未来职业发展的危机感（因为黄色的危机感容易过度），增加对美好前景的憧憬，以积极愉快的心态投入工作。

绿色：找到前进的行动力
修炼良方：寻找积极意愿

1.找到一个目标感强烈并且直言不讳的好友，欢迎他对你鞭策和鼓励。

2.每天都更换一下衣服的搭配，尝试多种不同的设计和体验。

3.提升自己赚更多钱的欲望，将努力工作与快乐的享受挂钩，经常阅读诸如《人一生要去的100个地方》这样的读物。

不同性格色彩对吃的看法

红色： 喜欢和家人朋友一起聚餐时的那种热闹气氛，如果自己感觉烧菜好玩、有乐趣就会天天做，要是能得到朋友们的认可，那简直恨不得把自己当成专职厨师。

蓝色： 对于味觉、用餐环境、食物包装、什么时候吃什么等细节都很在意，出外用餐时除了菜的味道之外，连餐馆的安全设施都一一留意。有条件的话会讲究精致饮食，但绝不浪费。

黄色： 要么不吃，要吃就吃最好的，如果同时有其他更重要的事，可以迅速放弃一顿美味而没有丝毫怨言。在适当的时候请客吃饭，绝不是为了朋友热闹。

绿色： 比较能吃，爱吃加工过的食品，因为方便简单，吃起来不用动脑筋。如果没条件，也不羡慕那些吃得好的人，安慰自己：吃什么不都是吃嘛。

红色贪吃，总自诩是很会享受的人，没有人认为他们会委屈自己，即便在减肥期间也会有本事一口气吃下四对烤鸡翅做消夜。

红色贪吃，总自诩是很会享受的人，没有人认为他们会委屈自己

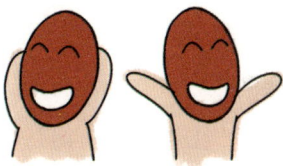

有条件的话会讲究精致饮食，但绝不浪费

黄色对成功和目标的专注，使他把更多的关注和精力放到了工作中

对蓝色来说，最重要的是抱着怎样的态度去享受生活

绿色，生活非常平静的和平型人，是应该喝着清水，吃着白粥，体会着最真实也是最原始的滋味

不想吃大排档的往往是黄色，原因在于怕毛份，黄色的人虚荣心都比较强

"今天吃什么"是红色最喜欢问别人或问自己的问题，当生活中没有其他出口，很多红色会把对新鲜体验的追求放在吃上面，天天花样翻新，娱乐自己。

红色朋友一日偶然学会做小饼干，早上做了一些给老公吃，老公称赞，于是，第二天多做了些带给同事，同事又是热烈欢迎。从此一发不可收，每天清晨起早，搅和面团做饼干：巧克力的、草莓的、奶酪的……花样层出不穷，都是源于红色期望获得认可的心态。

蓝色并不排斥到街边小摊来上一碗麻辣烫，这与大多数人对蓝色的看法大概有所出入。事实上，在我接触的人当中，不肯去吃类似大排档的人往往是黄色的。但是，即便是在小店里吃一碗馄饨，蓝色也没有放弃对生活的态度，他们大多是认真文雅的吃客。如果食物本身和环境都没有足够吸引他，蓝色也会用敏锐的观察力，从周围的人和事上找到着眼点，甚至感悟人生。对蓝色来说，最重要的是抱着怎样的态度去享受生活。

黄色对成功和目标的专注，使他把更多的关注和精力放到了工作中。他们不屑于把时间和精力浪费在生活的琐碎平庸的事情上，他们站得高看得远，对达到目标的需求更为迫切和强烈，很难想象一个黄色会对马路拐角处的小店里的淮扬汤包念念不忘。黄色常吃快餐，当然他在吃的时候会咕哝着真难吃，但是没有办法，方便和速食是他选择它们最大的理由——当然他更不会花精力去研究什么好吃、什么原料健康。

绿色，生活非常平静，是应该喝着清水，吃着白粥，体会着最真实也是最原始的滋味。有一个小说里的一个细节，典型的绿色女生的屋子里干净而简单，男主角去看她的餐桌，发现居然每次都是菠萝吐司和清水，然后女主角说以前在国外的时候好喜欢吃红豆吐司、所以会一直买，可是国内没有。然后就被男主角嘲笑。

他们当然不会一个个都是禁欲主义者，但是对吃的方面不会投入太多的热情和关注。他们可能更加认为吃只是一种补充营养和能量的必需方式。因此他们不会太刻意地说要费半天工夫去弄一个特别的菜式出来并且要配一块怎样的桌布和烛光，这对他们来说是很没有必要的。他们更愿意坐在沙发上看着电视吃吃薯片。而吃他们所熟悉和习惯的东西，对他们来说更安全和放心。

生活中各人有各人的"作"

红色与蓝色的"作"核心差别为：

* 红色通常更多表现出"折腾"，蓝色更多表现出"难伺候"。

* 红色"作"时内心更多希望别人对自己关注、呵护和重视，蓝色"作"时则是强烈期望别人理解他的内心想法。（表面很像，其实不同。）

* 红色"作"时容易在行为上颠三倒四，蓝色则是语言上的反复，但是行为上会保持一致。

需要特别注意的是：当红色沉默不语时，人们很容易将其误以为是蓝色。解决这个问题的法宝就是"时间"，以持续的长度而

红色通常更多表现出"折腾"

蓝色"作"时则是强烈期望别人理解他的内心想法

蓝色更多表现出"难伺候"

红色"作"时容易行为上颠三倒四

红色"作"时内心更多希望别人对自己关注，呵护和重视

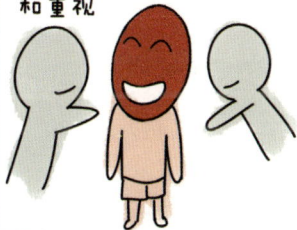

蓝色则是语言上的反复但是行为上会保持一致

言，红色终其一生，都很难想象蓝色可以在负面情绪中滞留多久。

　　但是，因为"作"是红色和蓝色保持与他人情感互动交流的一种常态，这种常态是红色和蓝色极其正常且高频率出现的行为，却很容易被黄色性格鄙视和打压，同时也不能被绿色性格所理解，这也就是红色与蓝色面对绿色经常无奈无语、面对黄色经常很愤怒的真正原因。而在真正红色和蓝色的情感互动和彼此相处中，因为"作"，大家会有相互的不理解和痛苦，但是"作"也是大家保持情感密切的必然手段。

　　最重要的真相是什么？就是"作"者自得其乐，当事人与外人的苦恼也很难改变"作"的习惯，直到有一天为此付出代价。

不同性格色彩的记仇

四种性格中，蓝色和黄色很难原谅别人，红色与绿色倾向于宽容。差别在于红色比较容易忘记；而绿色压根就没觉得有过仇，因为记仇实在是件让自己太累的事，绿色才懒得去做呢。

红色遇到别人对他不好的事，当下会很愤怒，睡一觉起来啥事没有，统统忘却。同时红色心态乐观，武侠小说中的主人公大多是红色，相逢一笑泯恩仇就是红色干的事情。红色心软，即使别人对不起红色，只要态度诚恳，道歉一般都能解决，过后红色也不会放在心里。

蓝色一旦记仇，烙在心里很难磨灭，即使对方口头上不断说对不起，蓝色心里还是怀疑。本来就不容易相信的蓝色，一旦受到伤害，更加会与对方老死不相往来。蓝色记仇的时间之久，是足以令其他颜色都感到惊诧的。也许其他颜色不觉得是仇的"仇"，蓝色都巨细靡遗地记着，难以忘怀。

黄色的记仇只有一个理由，就是当场发作对自己不利，所以只

四种性格中，蓝色和黄色很难原谅别人，红色与绿色倾向于宽容

绿色自己有了困难，也不愿向别人开口；被别人借了钱，为不破坏人际关系，也不好意思去要

差别在于红色比较容易忘记

人有失当之举，绿色不去理会；自己被别人误解了也不愿花力气解释

绿色压根就没觉得有过仇，因为记仇实在是件让自己太累的事，绿色才懒得去做呢

绿色多的地方，必多和气而少戾气。

能先记着，伺机再反击。为了报仇"大计"，黄色也能隐忍，如越王勾践卧薪尝胆，就是黄色所为。黄色不需要训练，天生就知道如何评估自己和"敌人"的实力对比，实力够了就出击，实力不够就记仇，总之黄色的内心是不会服输的。

绿色自己有了困难，也不愿向别人开口；被别人借了钱，为不破坏人际关系，也不好意思去要；人有失当之举，不去理会；自己被别人误解了也不愿花力气解释，时间长了别人明白过来反而不好意思，反倒容易做日久天长的朋友。所以绿色多的地方，必多和气而少戾气。

一个人被"错"关了27年，他会变成怎样？人们十之八九会说"血债血来偿"，而曼德拉却对此说"NO"。

曼德拉心胸开阔，对他的国人更是宽容备至。2000年，南非全国警察总署发生这样一件严重的种族歧视事件：在总部大楼的一间办公室里，当工作人员开启电脑时，电脑屏幕上的曼德拉头像竟逐渐变成了大猩猩。全国警察总监和公安部长闻之勃然大怒，南非人民也义愤填膺。消息传到曼德拉的耳朵里，他反而非常平静。几天后，在参加地方选举投票时，当投票站的工作人员例行公事地看着曼德拉身份证上的照片与其本人对照时，曼德拉慈祥地一笑："你看我像大猩猩吗？"逗得现场的人笑得合不拢嘴。

据说曼爷爷经常挂在嘴边的秘诀是：别担心，放轻松，要快乐。他曾说，他最喜欢的事就是独自一人在柴可夫斯基的音乐声中看夕阳。

不同性格色彩如何对待朋友

　　就像异常活跃的红色女性有着"花蝴蝶"或者"交际花"的美誉一样，蓝色女性总是给别人"冷美人"般的距离感。蓝色始终认为"我不认识你，为什么我要相信你？"，所以宁愿多花些时间，先来进行彼此可能建立关系的探索。

　　进入到陌生场合人群中的蓝色，不像红色那样摆出满场飞的架势，见人就打招呼，蓝色就是蓝色，在众人皆醉我独醒的心态下似乎在思考着什么，一旦发现能对上眼的，在半推半就的含蓄下展开交流。当晚会结束时，会因为找到了一个可以深入交流的知己而认为自己今天非常值得。

　　在对于朋友的定义上，蓝色秉持的是"人生得一知己足矣"的人生哲学，红色则更加宁愿持"普天之下，莫非我友"的人生态度。

　　同样是进入陌生场合，绿色首先便找个地方坐下开始享受"能坐着绝不站着，能躺着绝不坐着"的千秋大梦。绿色才懒得去思考周围到底发生了什么，旁观本身就已经是一种无上的享受了。黄色

异常活跃的红色女性有着"花蝴蝶"或者"交际花"的美誉

同样是进入陌生场合，绿色首先便找个地方坐下开始享受，绿色才懒得去思考周围到底发生了什么

蓝色女性总是给别人"冷美人"一般的距离感

黄色则直截了当，目标明确，以认识了几个对我未来有影响的人为最高目标

蓝色秉持的是"人生得一知己足矣"的人生哲学，红色则更加宁愿持"普天之下，莫非我友"的人生态度

黄色和绿色对情感的需求都没有那么强烈，黄色命令绿色依从，黄色主导绿色跟随，他们可以成为朋友的原因也正在于此

则直截了当，目标明确，以能学到什么或交换到什么新信息或认识了几个可能对自己未来有影响的人为最高目标。

　　黄色和绿色对情感的需求都没有那么强烈，黄色命令绿色依从，黄色主导绿色跟随，他们可以成为朋友的原因也正在于此。但一旦涉及工作关系，黄色的快速和高要求让绿色无所适从，而绿色的只想图个安稳、不愿发奋的心态，也与黄色格格不入。

　　其实，绿色最需要黄色朋友帮他做决定，而不去责怪他；黄色最需要绿色朋友的听话不反弹，而受不了绿色的反应慢和不作为。

不同性格色彩的倾听

红色和黄色因为在说上都有得天独厚的优势，听上的功力自然大打折扣。一个红色主持人在做了《午夜访谈》半年后，不堪重负，宣告退场。按照他的说法，每天接收那些世界阴暗面的信息让他近乎崩溃。

假设我们认为红色有自我中心的倾向，黄色也难逃其咎。唯一的差别是红色更希望得到人们的关注和认可，因此说话的时候很容易用到"我"，有抢谈自己感兴趣的话题之嫌；而黄色则是你们都不用说了，一切听我的就可以了，反正你说的和我的想法不一样，最后还是要听我的，那就根本没必要说了。从这个意义上来说，黄色的自我中心凸显的是"天大地大唯我最大"的感觉，黄色希望人们都按照他们的意愿去做。与此同时，他们更习惯于直接给出回馈和意见，表示同情心不是他们的风格。

红色和黄色因为在说上都有得天独厚的优势，

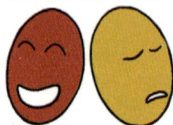

听上的功力自然大打折扣

绿色倾听——超级免洗垃圾桶

红色有自我中心的倾向，黄色也难逃其咎

绿色，可以把你刚刚倒给他的情感垃圾即时排泄掉

蓝色倾听——舍己救人

绿色乐于倾听别人诉说所有的事情，鼓励他的朋友们多谈他们自己，他擅长让别人感觉舒适

蓝色倾听——舍己救人

这样看来，还是蓝色和绿色好，他们会对你开放所有的调频，至少会对你保持足够的接收信号。

蓝色可以帮助你分析问题，遗憾的是，他们自己却会陷入其中不能自拔，仿佛自己成了故事的主人公。"只能入世不能出世"往往让蓝色在咀嚼了他人的很多痛苦后，自己陷入绝望的边缘。这就是为何有很多心理医生帮助了患者，自己最后却走上绝路。

现在我们知道了，倾诉给蓝色后，你的痛苦没了，可痛苦却转嫁给蓝色了，因为蓝色不具备定时排泄功能，当长期郁结时，他们会爆掉。现在唯一的重担只能落在绿色的身上。

绿色倾听——超级免洗垃圾桶

当你来到绿色面前，即使绿色正在做一项重要的工作，看到你来了，也会立即放下手头的工作，陪着你畅谈。在经历了红色以泪洗泪（你倾诉给他，他马上反倾诉给你），黄色以声去泪（你倾诉给他，他直接给你建议而不听倾诉），蓝色以死殉泪（你倾诉给他，他自己受不了去自虐）的三种折磨后，我们才知道绿色这个"超级免洗垃圾桶"的好处。

绿色，可以把你刚刚倒给他的情感垃圾即时排泄掉，这种即食即拉的现象，从生物进化的角度来讲，显得是有些低级，然而，从心理健康的角度，你也看到了，正是他们天生具备排泄负面情感从而免受侵害的能力，让他们能够犹如常青树一般屹立不倒。

绿色并不重视利益交换，付出是最大的快乐。绿色乐于倾听别人诉说所有的事情，鼓励他的朋友多谈他们自己，他擅长让别人感觉舒适。

不同性格色彩的幽默感

蓝色是黑色幽默，黄色是硬幽默，红色是热幽默，绿色是冷幽默。

红色幽默

关于红色，严格意义上我更加倾向于用"搞笑"两个字来囊括他们的能量，在前文中已经详细阐述过红色的这种本领。红色搞气氛，做得漂亮，那是语不惊人死不休；做过头，就变成讲完笑话自己哈哈大笑，人家却觉得是把无聊当有趣。但典型的红色天性热情，为赢得大家的掌声和赞誉，有时甚至是愿意适当让自己出丑来博取哄堂大笑。

蓝色幽默

蓝色注定是"黑色幽默"的大师。这种阴沉而痛苦的幽默，阐述着周围世界的荒谬，以一种无奈的嘲讽来看现代人与社会的冲突，

蓝色注定是"黑色幽默"的大师

红色的幽默感更多是"搞笑"

黄色是幽默感最烂的性格

绿色的幽默总是不经意的，状态放松的，叫人细细回味后才会突然失笑的

并将这种冲突扭曲和变形，显得荒诞和好笑，但本质上仍让人感觉酸涩。这当中登峰造极的人物首推导演伍迪·艾伦。他本人也说："我是个不折不扣的悲观主义者。我觉得真正的幸福是不可能得到的，对于这一切你唯一能做的只是让自己尽量不去想它。"在"不去想它"这种小小的阿Q精神背后带来温情，是蓝色永恒的基调。

黄色幽默

如果推选幽默感最烂的性格，黄色，我定会双手双脚投上四票的。黄色思维的直线化，使他在聆听会心会意的文字时，会囫囵吞枣般匆匆咽下，毫无感觉。更有甚者，发现众人皆笑，便问："你们在笑什么呢？"他人好心解释后，黄色下不了台了，于是鄙夷地说道："这有什么好笑的！"借此来掩饰自己刚才没听出奥妙的尴尬。

绿色幽默

幽默感在紧张状态下是永远无法发挥出来的，绿色天性具备了随时轻松的状态，这是他们比其他三种人在幽默上技高一筹的原因。绿色的幽默和红色的幽默区别在于：红色的幽默是张扬的、引人注意的、无时无刻不想拿出来炫耀的；而绿色的幽默总是不经意的、状态放松的、叫人细细回味后才会突然失笑，效果甚至有时要比红色的哗众取宠更为显著，我们称其为"冷幽默"。

不同性格色彩的男人相亲

以下四色男人的相亲记，系根据我的同事小卷老师相亲史为原型，真实再现，聊为笑谈。

红色：约在介绍人公司见面，红色男人迟到四十五分钟，门一开，竟然进来三个人，红色男人气宇轩昂地走在前面，后面跟着拿包的爸和拿伞的妈。介绍人慌乱介绍，这是某女，某重点大学毕业，这是某男，也是某重点大学毕业，啊，你们还是校友呢，你们同一级，不过某男早毕业，因为他是自考生。（女孩的汗当时就下来了……）某男脸色顿时大变。（唉……）红色介绍人还在继续，早毕业好啊，早点出来创业，你看他样子多年轻啊。某男的妈赶紧打岔，让女孩和男人单独出去散散步。一出门，红色男人就开始发难："你觉得学历和能力哪个重要？""都重要吧。"女孩含糊以对。"我不这样认为，"红色男人愤然道，"现在成堆的博士生找不到工作，来给我打工我都不要……"相亲结束，女孩犹如经历了

红色在相亲中毫不克制自己情绪的做法，让第一次见面的异性有些受不了

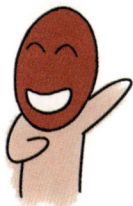

一旦跟黄色男人交往，你就成了他的目标和猎物，哪儿有那么容易逃脱

蓝色挑剔，要求严格，自律性强，对他人也不放松，让人敬佩却有些累

绿色脾气好到爆，但实在不解风情，平淡至极

一场听证会。

红色在相亲中毫不克制自己情绪的做法，让第一次见面的异性有些受不了。

蓝色：还没到时就发来短信，告诉自己在途中哪个位置，交通情况如何，大约在几点几分到。女孩提前到了，蓝男短信嘱咐先不要入座，在门口稍等，等他来安排。电梯门开，蓝色一手搭着外套，一手拎着方方正正的公文包，优雅走出，忽然瞥到坐没坐相地瘫软在迎宾椅子上的女孩，吃惊的表情差点没收住。蓝男开口第一句，称小姐，女孩也吓了一跳，恍如置身于谈判席。入座时，蓝男在两个空桌间徘徊良久，最后还是女孩站累了随便选了一个，蓝男方入座。上菜时，服务生搞错了次序，先上了蓝男嘱咐不要上的热菜，温和如水的蓝男表现出少许异常的愤怒，事后他解释说，我看不惯他们的不专业。饭毕，顺道去超市购物，女孩自动寄存包后，把密码纸攥在手心，等到购物结束后才发现，那张纸几乎被揉烂了，上面的字一个都看不出，女孩差点哭出来。蓝男接过烂纸，对着光端详许久，然后一个数字一个数字地试，其间失败了无数次，女孩已经没耐心，蓝男却坚持不懈，结果竟在约半小时后试出了全部正确的数字组合。箱门应声而开的一瞬，女孩对蓝男的敬仰犹如滔滔江水。

蓝色挑剔，要求严格，自律性强，对他人也不放松，让人敬佩却有些累。

黄色：黄男与女孩约会数次，每次见面，黄男别无其他话题，只是大谈特谈自己工作中是如何与人斗争其乐无穷。一日，女孩无意说起自己去参加快速约会，黄男激愤，说我们已经交往了你怎么还能有外心。女孩深感不自由，提出拆伙，无奈每次说时，还没把话说完就被黄男打断，于是又听了一脑子的工作中的钩心斗角的故事回去。最后女孩发狠，说今天话说到这儿，以后再也不和你见面了，黄男脸色平静地说你真会开玩笑。

一旦跟黄色男人交往，你就成了他的目标和猎物，哪儿有那么容易逃脱。

绿色：自见面后，绿色加了女孩的MSN，每日女孩上线时，必能收到来自绿色的笑脸（微笑，绿色从不用大笑的表情）、"吃了吗""上班了吗"之类的问候。温馨之余，女孩也想询问对方情况，但得到的永远是"嗯，还不错，还好，还行，就这样"之类的答复。最长的一次对话大体记录如下：

绿：下班了吗？

女：没有啊，很惨，要赶稿，明天要出刊了，呜呜呜，好苦命啊！

绿：呵呵。

绿：可怜的孩子！

绿：该吃饭了哦！

女：我吃不了啊！

女：我好可怜啊，都没有人给我送饭！

绿：你在哪里？

女：……

绿：嗯？

绿：我要吃饭了，同事在叫我。

女：我饿死了，呜呜……

绿：怎么你没有饼干吗？

女：没有啊，啥都没有，惨死了（说到这里其实女孩已经烦了）。

绿：可怜！

绿：下次买点饼干放着。

绿：加班晚了吃点饼干。

女孩怒了，关了MSN。

绿色脾气好到爆，但实在不解风情，平淡至极。

不同性格色彩的出租车司机

根据过往坐出租车的经验，整理出四位典型性格色彩的司机故事，供众人参详。

红色

一日，坐进一辆出租车，伏在方向盘上的司机忽然坐起来，语出惊人："我都在这里坐了半小时了！"还没等我想明白他说这句话的含意，他就滔滔不绝地倾诉起来。原来，半小时前，两个乘客上了他的车，只开了五分钟的车程便到了，一位乘客先给了他一张一百元面值的人民币，他在灯下仔细照过以后刚要找钱，对方又说"有零钱了"，把钱要回去后，翻找一番，又说"零钱不够"，还是给了他一百。在此过程中，另一位乘客一直在和他聊天使他分心，第二次拿到钱时他没细看，就找了零钱。两乘客刚一下车，他就觉得不对劲，一看那张百元大钞是假币，赶紧下车去追，可对方已经拐进了小弄堂，没影了。于是这位司机就回到车上趴了半小

红色的情绪化, 倾诉欲望强, 在红色司机的表现中如此明显

黄色总是在一切条件下抓住机会直指目标, 他们心无旁骛的做 法让他们 容易取得 快速成 功, 也未 免让人 感到有些 不近人情

蓝色天性中的有条有理, 遵守规则, 在蓝色司机的身上一一体现

绿色关照他人感受, 跟他们相处轻松无压力, 做错事情也不用担心

时，痛苦万分。

接下来的15分钟，我只好充当了他的垃圾桶，听他痛诉自己赚钱的不容易，世道人心的不古，乘客素质的低下，甚至回溯到他十年前给大公司开车，多么风光，而今沦落到给小偷骗子开车，命运之悲惨。边说边开，他的声音从低迷转为激愤，突然掏出手机，拨通朋友的号码，噼里啪啦又把整个经过说了一通。下车时，我给他的21元车钱显然又勾起了他的痛苦，他唉声叹气地说："我要再做多少次才能把那损失的钱补回来呀，做牛做马白辛苦了。"

红色的情绪化，倾诉欲望强，在红色司机的表现中如此明显。

蓝色

一日，电话大众叫车。车到后司机打电话给我。

我下楼，正好看到一辆大众车从小区门口开入，我立刻迎上去，以为他会立刻停下让我上车。谁知道司机看了我一眼，熟视无睹般把车往前开了一段，开到停车位，方才停下，停车动作之标准，可以和驾照考试相媲美，停好后，车身与道路边缘平行。然后静待我上车。

司机很少穿制服，但这位蓝色司机身穿制服，纽扣扣得一丝不苟。一般出租车到了下午，白色座椅套难免蒙尘，蓝色司机的座椅套却洁白如新，我至今还没弄明白，他是怎么做到的。

上车后，一共只发过两次声音，一次是确定行车路线，一次是到目的地后的标准提醒："现金还是刷卡？请别忘记随身携带的东西。"

蓝色天性中的有条有理、遵守规则，在蓝色司机的身上一一体现。

黄色

周六一早赶飞机，提前订车未遂。周六起了大早，拖着箱子在路口拦车，过了许久，马路对面一辆空车驶过，我激动地招手，司机刷地一下掉了头，干净利落地停在我身边。

上车后，司机的车载电话响了，他抓起电话便说："不好意思，我的轮胎破了，你赶时间就另外叫一辆吧。"我顿时醒悟，原来他是早有预约的，为了载我而把约好的那家推掉了。过了一会儿，他说："现在的人都靠不住，昨天有个小姑娘也是叫我去虹桥机场，等我到了以后她坐上另一辆车跑了，说等不及。先生，你经常出差去机场吗？"因为长期浸泡在颜色中，我立刻有一种感觉，这是一个目的性非常强的人，莫非是黄色？我试探着问："刚才是有人和你约好的吧？你不去接他是不是不太好？"他笑了笑，说："现在叫车可真不容易。先生你经常去机场吗？"我说："是啊，最近出差比较多。"他道："你一般去虹桥机场比较多？其实从你上车的地点，去浦东机场也不算太远。"我说："我一般是从浦东起飞比较多，去虹桥少一些。"他迅速接上说："那回头我抄个手机给你，以后你要去机场，提前一天打电话给我，我来接你。晚上12点通知我都没关系。"我答应了。而后他专心开车，一句话都没有说。到机场后，他殷勤地帮我把行李搬下车，而后期待地看着我。我说："你把电话给我吧。"他给了我电话，笑容满面地道别。

黄色总是在任何条件下抓住机会直指目标，他们心无旁骛的做法让他们容易取得快速成功，但也未免让人感到有些不近人情。

绿色

曾遇见一绿色司机，整个坐车的过程都很平淡，到地点后我说行就停这儿吧，没想到他往前很别扭地绕了个大圈然后才停下来。我问他为什么。他很不好意思地说："后面有一辆车要开出来，给他让一下路。"那种表情和感觉一下子让我联想到进阶课上的经典案例，一位绿色的老兄着急下班给老婆过生日，要取放在单位冰箱里的一个生日蛋糕，但因为同事们挡在冰箱前面吃饭，他竟然一直等着，也不说出来，等同事们全部吃完以后，才去拿蛋糕。还有色友C的小女儿，才上幼儿园，每次上厕所都是最后一个回来，被老师说动作慢，后来经她了解才知道，女儿每次都让其他小朋友方便完了才自己上。

好玩的是，绿色司机被一辆车试图违规超车，类似的情况我以前遇到过，当时那主儿恐怕是个红+黄，立马将车横在路中间，一副不依不饶的架势，谁来劝都没用。而绿色司机只是和气地打个招呼："下次小心啊。"我忍不住问："那个司机是你认识的？"他说："不认识。大家出来开车都不容易，没事的。"

绿色关照他人感受，跟绿色相处轻松无压力，做错事情也不用担心。

不同性格色彩如何出气

红色 撒气

红色性格以"黏"和"作"擅长。失恋时，红色会"黏"着好朋友诉说苦水；心烦时，红色"作天作地"地折腾别人，折腾自己，其实都是发泄。

红色的情绪曲线如狂澜，大起大落，迅速的起落意味着需要大量排出情绪的管道。

红色学员听完课后，往往会羡慕蓝色的静水流深、黄色的波澜不惊、绿色的悠然自得。其实，红色想哭便哭、想笑便笑的作风，也同样可爱。与其压抑自己情绪成"内伤"，倒不如在不伤及他人的出口适当发泄，也不失为没有办法的办法——此为健康的红色常用。

蓝色 忍气

蓝色是标准的"扑克脸"，心里已经郁积了许多情绪，脸上还

红色 撒气

红色性格以"黏"和"作"擅长。

黄色 不动气

黄色的大局在握,泰山崩于前面不改色,让他很容易在危急的环境中脱颖而出

蓝色 忍气

蓝色是标准的"扑克脸",心里已经郁积了许多情绪,脸上还是看不出来

绿色 无气

即使活着   征服世界,死去也   只能待在一副棺木里.基于这样一种想法,难怪绿色对于成就和失败都能那么的平和

是看不出来。如能像蓝色那样"谋定而后动",很多红色的人生将因此而改变。

蓝色的好处是当问题无法解决时,至少不以情绪坏事;坏处是让周围人觉得他心机深重,难以捉摸。

蓝色将气忍住后,不代表事情结束,而是在心里"反刍",通过缓慢的理解——分解——消解——释然。

敬告动辄"小题大做"的人们,当情绪涌动时,如能忍下来不发作,则进入第二阶段,生活中大多数的情绪事件,熬过一时三刻,问题便已不存在了——此为蓝色擅长。

黄色 不动气

黄色的大局在握、泰山崩于前面不改色,让他很容易在危急的环境中脱颖而出。古人说的临危受命、方寸不乱指的往往是黄色。同样属于情绪稳定的绿色,与黄色最大的区别是,黄色的不发火是因为知道这样对目标有利,而绿色只是天生平和而已。

有些黄色误以为自己是绿色,因为他们可以忍辱偷生许多年,面对对手的羞辱和伤害内心漠然。但只要问问他们为什么如此就可见端倪,黄色有所求,所以有所为有所不为;绿色无所求,所以无为。

对于经常因脾气而坏事的人,如能明确目标,知道自己真正想要的是什么,就自然不会妄动真气——此为黄色法宝。

绿色 无气

《射雕英雄传》中郭靖对成吉思汗说，即使活着征服世界，死去也只能待在一副棺木里。基于这样一种想法，难怪绿色对于成就和失败都能那么平和。绿色天性中有一种本领，将情绪的高峰和低谷拉平，他们也是红色的最好倾听者。作为不受情绪影响的两种性格，绿色的凡事顺从让黄色很容易与其相处，但绿色对目标的无所谓让黄色终其一生也无法理解。

除绿色以外的其他性格，如有意拓绿，经过历练和修炼，能做到看世间缘起缘灭，气又如何，争又如何，最后不过是巴掌大小一块坟地，"不气不气真不气"，情绪如泥牛入海——如此方到达绿色境界。

第六章

FPA性格色彩钻石法则

Chapter 6

FPA性格色彩钻石法则菜鸟入门招数

说白了，这章我们聊的是如何与不同性格色彩的人相处。在"FPA性格色彩"中，"钻石法则"的意思就是——用适合不同性格的方式去对待不同的人，也就是"人所欲，施于人"，把别人要的给别人，而不是"己所欲，施于人"。这是与人交往相处的最高核心奥秘，以下是各位菜鸟的入门基本招式。

红色

你该如何对待红色呢？他们看重个人赞誉，所以不要吝啬对他们的赞美。支持他们的想法、目标、意见和梦想。红色是"爱交际的蝴蝶"，他们钟爱强烈的表达、刺激和愉快的对话。他们喜欢跟人打交道，所以要多给他们点时间来社交。相对其他性格，红色可能容易忘记自己的承诺，所以要把他的承诺落实到纸面。尽可能

这章我们聊的是如何与不同性格色彩的人相处

蓝色是严格遵守时间的，所以对他们的时间要保持敏感。

红色是"爱交际的蝴蝶"，他们钟爱强烈的表达、刺激和愉快的对话。

请赞美我

他们需要细节，所以把数据给他们。

细节

所以要把他的承诺落实到纸面，对红色要投入关注。

对于蓝色，要做好充分的准备，要注意细节，要严谨正式。

给他们表现的机会，并周期性地检查。总而言之，对红色要投入关注。

蓝色

你该如何对待蓝色呢？蓝色是严格遵守时间的，所以对他们的时间要保持敏感。他们需要细节，所以把数据给他们。他们打开内心是缓慢而审慎的，所以别指望一下子就与他们成为朋友。和他们在一起需要系统性、逻辑性、准备充分以及精确度。给他们时间用来做决定并让他们独立工作。在工作团队中，别指望他们成为直言者，不过你可以在调查和数字方面信赖他们。蓝色喜欢在智力方面得到称赞，所以要在适当的项目上肯定他们的贡献。总之，对于蓝色，要做好充分的准备，要注意细节，要严谨正式。

黄色

你该如何对待黄色呢？黄色对效率非常注重，所以不要拖他们的后腿。直截了当，并给他们概要的信息和选项，以及成功的可能性。在他们有空的时候再给他们书面的细节。黄色注重目标和结果，你可以信任他们完成任务的能力。承认他们的想法是有价值

黄色对效率非常注重，所以不要拖他们的后腿。

绿色需要温暖的关系，你必须支持他们的感受

黄色注重目标和结果，你可以信任他们完成任务的能力

绿色行动缓慢，你说话时要关照他的感受

对于黄色，要展示你的效率和能力。

总而言之，对绿色不要强迫

的，肯定他们的力量和威信。让黄色成为负责人。如果你不同意，要积极讨论事实而不是感觉。在团队中，让他们发言。总而言之，对于黄色，要展示你的效率和能力。

绿色

你该如何对待绿色呢？他们需要温暖的关系。你必须支持他们的感受并对他们生活的各个方面都表示出兴趣。凡事慢慢来，绿色行动缓慢。你必须根据感觉来说话，而不是事实，这与你对黄色的策略正好是相反的。绿色不想有任何麻烦，所以要确保他们周围的每个人都赞同他们的行为和决定，给他们时间以征求别人的意见。相对于用榔头把蛋壳敲碎来说，用热量把绿色鸡蛋孵化会更有效。总而言之，对绿色不要强迫。

如何理解不同性格色彩的父母

当你的父母是红色

因为红色的童心，当他们为人父母时，他们会饶有趣味地和孩子们一起趴在地上玩着积木，他们会让自己扮演大马或小狗，和孩子们全神贯注地游戏。自然他们更容易受到孩子们的欢迎，而他们的家里也最经常地成为孩子们的聚集地，这在蓝色和黄色的父母身上鲜见。

蓝色如果发现地上弄得一团糟，就会皱起眉头，要求他们迅速转移；绿色就像动画片《狮子王》里的王后沙拉碧那样，总是仁慈耐心地观望着孩子们的一切，然后温柔地呼唤"孩子们，快来吃饭了"；唯独红色可以做到不仅欣赏，而且参与其中，在红色看来，开心是最重要的。

在一个全部都是红色性格的家庭里，红色的夫妻双方会为了早上的被子谁来叠，而饶有兴趣地争论个不休，按照石头剪刀布的规

红色的父母是具有童心的

他们生活混乱无序，但很幸福

他们会陪孩子搭积木，做游戏

生活信念

快乐至上

剪刀，你输了，叠被子

布！

好羡慕！

则比拼后，老公担负了这样一个光荣的任务。正当妻子欢喜地跑进厨房时，老公突然跳到她身后，双手叉腰充满兴奋地宣布："我，叠好了！"回屋一看，差点气晕，原来只是把被子推到中间鼓起一个蒙古包的形状，还没等妻子反应过来，红色老公得意道："看到没有？这是我今天折的小丘型，今天我们不做面包型（以前叠被子的方块状），怎么样？"

这种家庭的氛围，虽然我们不得不承认也许会有点混乱无序。可是那种无拘无束，那种童趣，那种永远年轻的心态，真是不得不让人羡慕。也只有两个红色组成的家庭会出现这样的情况。

红色天性里对于快乐的向往，让他们可以用童心来欣赏一切。他们最懂得享受生命，不管他们从事的是什么，即便正在苦干，也显得似乎乐在其中，他们过日子秉持的信念就是——最好的还没有到来。

当你的父母是蓝色

对于蓝色来讲，一旦规则制定，所有的人都必须严格遵守，蓝色通常尊重并接受法律和秩序的权威性，与此同时，他们也欣赏他人对高格调和高条理性的追求。

在一个蓝色掌权的家庭里，家里的规则是非常讲究的。比如某位蓝色家中规定：家里的筷子是分层次和部落排列的，银色金属的

满足感源于将无序变有序.

规则

严格按照
家规执行

筷子专供客人使用，红木的筷子专供长辈使用，而只有竹制的筷子才是平时一家人吃饭所用，如果用错，那可是天大的事情；参观厨房间，你永远可以看见有四块抹布列队整齐，专事玻璃、瓷砖、灶台、厨房四大领域，各司其职；卫生间里面，洗发水、护发素、沐浴露、润肤露一字排开，更绝的是标签一致对外。如果有一个标签朝里，蓝色会不厌其烦地半夜爬起纠正过来，检查确认完毕后才睡得踏实。

蓝色喜欢将东西摆放得整整齐齐，世界松散的一面令他们感到沮丧，并有强烈的意愿去进行调整，将无序变成有序，这样他们才能感受到些许的满足感，这就是蓝色那么喜爱收拾东西的原因。在将不规则的形式变成规则的过程中，他们感觉到这个世界是需要他们的，即使那是微不足道的。

对于蓝色父母来讲，让你按照他们希望的人生路线去走，是会让他们感到欣慰的。如果不肯，势必苦口婆心，像唐三藏一般，晓之以理动之以情，最后要么把你磨得含泪答允；要么你够坚持，他们最后黯然落泪，"怎么生了你这么个儿子？你这样固执，伤了老爸老妈的心了！"

待你屈服之后，最后总要来一句总结性发言。中心思想无外乎是"你现在小，还不懂事，老爸老妈是过来人了，这么做，知道你现在会恨我们，长大了，你就明白了"。我告诉我朋友说，我就是这样一路被教育过来的，他还不相信，说他们家的教育就八字方针"顺其自然，自然而然"。结果一看，人家爸妈那是不一样的品种，绿妈绿爸，多幸福啊！

当你的父母是黄色

黄色对于"以暴制暴"似乎情有独钟，他们自以为深得"棍棒之下出孝子"的精髓。一个黄色的母亲在聚会上分享她从前是如何对待儿子的。

"我要求孩子每次考试必须名列前茅。要是回家看到他垂头丧气，就板着脸对他说：'你今天肯定考得很差，我跟你说过多少遍，让你不要看电视，不要玩电脑，你就是不听，从明天开始，你不许再看电视，不许再碰电脑。'面对我这样劈头盖脸的一顿训斥，孩子怨恨地说：'我一次没有考好你就马上骂我，我考得好的时候，你怎么不表扬我呢？你怎么不会像其他妈妈那样有耐心地帮助我呢？你不配做妈妈！'孩子的话给我带来很大的震撼，使我不得不静下来深深思考自身的缺陷。"

我们每个人是否都有资格宣称自己已是合格的父母呢？回答可能是让人难堪的。由于黄色望子成龙之心过于急迫，又没有耐心引导，于是采取种种不合理甚至暴力手段强制子女就范的事件屡见不鲜。

对于黄色父母来讲，让你按照他们设置的人生路线行走，是必须的。如果不肯，势必触怒龙颜，罚跪罚站罚打屁股，成年时发现

你的翅膀硬度已经超越家法的范围时，便大骂："父要子亡，子不得不亡。不孝逆子，竟敢以下犯上，家门不幸，家门不幸，家门不幸啊！"然后拉开架势，和你断绝父子关系。

他们认为自己认为的一切都是对的。你不接受是因为你没有眼光；你不接受是因为你还小所以你不懂；你不接受是因为你不明白"不听老人言，吃亏在眼前"。你不接受？好，为了你的幸福，为了让你以后知道我现在的良苦用心，他们就会说上一句："你现在恨我，将来你会感谢我的。"可惜，他们所谓的"为了你的幸福"，所有的一切都是建立在他们认为的"幸福"的基础上。他们总是把其他人等同于自己，当别人和他们的想法不一样时，他们本能的想法就是"废掉你"。

当你的父母是绿色

对于绿色的父母来说，习惯于家里和外面都以牺牲自己、快速妥协来达成人际关系和谐的模式。而这种自我牺牲精神却是一把双刃剑，一方面能够为孩子创造宁静安详的家庭气氛，共享天伦之乐，其乐融融；另一方面，因为不断地牺牲自己来满足孩子的需求，使得孩子认为父母的妥协是理所当然的，久而久之，无法在孩子面前树立做父母的威信。

如果一个孩子说，我爸妈从不干涉我，在家里我说了就算，

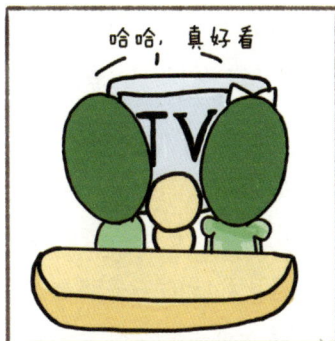

这个孩子很有可能生活在绿色家庭中。其实，每个孩子的成长都是一个过程，需要不断地体验人生的各种滋味，来健全自己的人格，塑造自己的未来。然而，在绿色父母这里，孩子永远都是生活的中心，被父母百般依顺，说一不二，为所欲为，生来就是皇帝。没有规矩约束，没有挫折教育，从长远来看，这样的父母是在剥夺孩子自我成长的权利，给孩子创造了一种天下太平的假象，有朝一日，等孩子需要独立面对生活的时候，一切打击和挫折对孩子来说都有如从天而降，猝不及防。而绿色父母不可能做孩子一辈子的保护伞，等有一天，伞没有了，或者伞不够大的时候，孩子的翅膀已经硬不起来，父母只能追悔莫及。

从另一个角度来说，绿色父母的妥协和懦弱也会成为孩子的一种精神负担。因为绿色父母内心过于平和，就会导致危机意识和防范意识薄弱，把他们放到复杂的社会中时，难免受骗，让孩子很不放心。比如我的一个朋友，有一次，她打电话回家，她妈告诉她有人在帮家里擦油烟机，还向她推销药水。女儿千叮咛万嘱咐让老妈不要买，等回家一看，老妈还是买了。还说很合算，买一送一，让女儿哭笑不得。后来老妈又说，看那个人很可怜，所以才买的。这样的父母无形中就在加重了孩子的负担，不知道什么时候就被人利用了，令人防不胜防。

如何引导不同性格色彩的子女

当你的小孩是红色

如果你有个红色的孩子，恭喜你，你的生活会因为身边的这个活力之源而时刻充满惊喜。但你也必须教会他处理好玩耍、专注及纪律之间的关系。

由于红色的孩子很容易走神，所以需要有人一直在旁监督，看他们是否完成了任务。有时你可能会发觉还不如自己做呢。但是，如果他的确做得好，你就该给予表扬，别忘了红色是非常渴望被认同的，如果今天他们因为做成某件小事而受夸奖，明天他们就会做更多。

红色说话不用脑子可是出了名的，所以你有必要让孩子学会谨言慎行，你可能不能阻止红色说出一些不动脑子的话，但你至少可以帮他了解自己在干什么。

尽管要他们完成任务很难，但红色却通常会同时干好几件事

情，他们对有意思的新事物特别感兴趣，而又从不会拒绝任何人，所以你要帮助孩子比较实际地权衡手头的工作。称赞他们非凡的表现并帮他们推掉一些出风头的机会，但不要阻止他们参加必要的社交活动。

不要顾及你作为家长的身份，你会发现，你必须让你红色的孩子自由玩耍，但同时你也要告诉他目标和规则也是成功的必要条件。

当你的小孩是蓝色

蓝色孩子的早熟有时会让你惊为天人。他们可能会帮助你看清生活的本质。他们不用训练便会注意细节，喜欢分析。

蓝色勤于思考、善于分析的特质使他们有所建树，一旦过头，他们就会一味地钻牛角尖，抱怨这个不对，那个不好。身为父母，你必须帮助你的孩子利用蓝色的长处，让他学会如何应对这个不完美的世界。

尽管红色和蓝色截然相反，如果他们努力地去理解对方这两种性格则可以互补。如果你是红色，不要指望这个孩子与你一样活泼开朗，热情奔放，学着欣赏他的安静与沉着，牢记孩子的人生观与你完全不同，花些时间聆听他的观点。

蓝色的小孩早熟

对于人生观这个问题好好研究一下.

容易钻牛角尖

抱怨这个
抱怨那个

观察细节
分析事情

安静沉着
开朗奔放

互补的性格

心灵敏感，同情弱者.

好悲惨啊！

你的家中有这样的孩子吗?

当你的小孩是黄色

黄色孩子的父母必须从一开始就捍卫自己的权威。这些孩子生来就是主导者，对他们与生俱来的主导天分进行适当的引导才能帮助他们成功。

这些天生的领导者们很清楚从他们出生那一刻起，他们就处于领导地位，因此，他们总会找些东西来满足自己的控制欲。如果你不给他适当的东西去掌控，他们就会试图摆布面前的一切——包括你!

从小时候开始，黄色就认为他们总是对的。一个黄色的小孩在三岁时，与姑姑玩游戏就会赖皮，姑姑说他错了，他就马上回嘴说："我没错，我才是对的。"黄色经常可以做出正确的判断，但你仍有必要让你的孩子清楚不能光按他们自己的规则行事。

所有黄色孩子的父母都会发现家长的权威领导对家庭的幸福至关重要。你可能想要培养孩子的领导能力并允许他们有一定的控制权，但必须让他们知道，你才是这个家的主宰。

对于爱面子且固执的黄色性格，如何劝服他们有很多技巧，正如同黄色性格不爱认输一样，劝服他们也应用此道激之。

当你的小孩是绿色

绿色的孩子非常随和。他们非常顺从，而且容易相处，并且极有耐心。然而，这些随意的孩子缺乏严谨和上进的内在动力，所以他们需要父母来帮助他们制订和实现目标。

绿色的孩子需要不断地给予支持和鼓励。切记，一定要对绿色孩子的所有成绩予以奖励，哪怕是再小的成绩。这些孩子只有不断地获得鼓励，才能在苦尽甘来的希冀下不断进步。

被动而脾气安静的绿色孩子很容易被认为是无能的。他们满足于让他人来帮助自己并为自己做决定。然而，并不能以此来认定他们是无法自己成事的。他们只是习惯于走容易走的路。教孩子先对选择做出清晰的判断后再做决定，而不是跟随大众。当他这样做后，也会开始对生活中的各个方面承担起相应的责任，你会对你安静的绿色孩子做事的熟练程度感到吃惊的。

如何与不同性格色彩的伴侣相处

当你的伴侣是红色

健康的红色是家庭生活中的开心果，平淡无奇的生活因为他们而闪亮新鲜。红色脑海中总冒出无穷无尽的新点子，他们总是说"为什么我们不试试那个？"如果你是一个希望生活有更多变数的人，选择红色做伴侣，你绝不会感到乏味。

不幸的是，当红色受到打击、压抑、跌入低潮，他们会觉得生活了无乐趣，没人欣赏自己，很容易感到沮丧。一旦有人陪伴或起了发泄的念头（包括购物、吃、喝酒等），笑容便会重回脸上，失落一扫而空。他们很可能通过本能的寻找乐趣、食物以及聚会、购物的方法解决问题。

如果你有一位红色伴侣，请记住要：

· 制造惊喜，在他意想不到时，送给他们礼物或小卡片。

如果你有一位红色伴侣，请记住要：

制造惊喜，在他意想不到时，送给他们礼物或小卡片。

你需要强烈避免的是：

别对他的过失进行严厉批判

多带他出去玩
在他心情不好时陪着他。
赞美他。
安慰他。

别长时间冷落和忽视他的存在

别指望他能自己记得所有该做的事

保持一定的独立和神秘感，不要让他对你一览无余。

别使他有负罪感。负罪感会让红色不再积极主动地尝试解决问题并促使他逃避和离开你

· 多带他出去玩，在他心情不好时陪着他。

· 赞美他，安慰他，让他说出来、哭出来、发泄倾诉出来，让他知道在这个世界上你是多么爱他。

· 保持一定的独立和神秘感，不要让他对你一览无余。

你需要强烈避免的是：

· 别对他的过失进行严厉批判，比如"如果你一开始就听我的话，现在就不会到这个地步了"，以及避免翻来覆去唐僧式的说教。

· 别长时间冷落和忽视他的存在。

· 别指望他能自己记得所有该做的事情和担负起所有责任。

· 别使他有负罪感。负罪感会让红色不再积极主动地尝试解决问题并促使他逃避和离开你。

当你的伴侣是蓝色

蓝色外冷内热，恰似"热水瓶"的特性，在婚姻关系中很多女性会被蓝色男性的稳重成熟所吸引，男性也会因蓝色女性的体贴细腻而享受。然而排除掉这一要素，他们最终被彻底击晕在幸福中，都与蓝色的"随风潜入夜，润物细无声"的情感传递方式脱不了干系。

蓝色的令人感动之处在于，连你也不记得的事，他都会记得。

如果你有一位蓝色伴侣，请记住要：

让他感觉到你已经感受到了他的关心

你需要强烈避免的是：

过于随意地乱开玩笑，让蓝色感到自己成为被嘲笑的对象。

学会体察他细腻敏感的情绪

在一定程度上做好自己的规划

不尊重蓝色的时间和随意，打乱他的计划。

轻率地做出决定，经常冲动，给蓝色制造焦虑和担忧。

保持乐观积极的心态，用正面情绪影响并带动蓝色走出消极。

忽视蓝色的情绪感受和精神交流的需求。

如果蓝色关怀一个人，他会试图去了解你，洞察你，为你做你需要的事情。他们是那么不屑于用语言表达内心的情感，更毋庸轻言赞美了。

但是，由于他们总是追求完美主义，他们会因为对方不严谨、不追求细节、不能发现他们的深邃思想和复杂感受而搞得疲惫不堪、伤痛欲绝，故此，蓝色会很容易受到感情上的伤害。

一旦蓝色对你失望，重新燃起他们的希望需要付出更长的时间，而他们可能根本不会告诉你他们的真实看法。要求蓝色把心事全部倒出来是困难的，他们自己也不知道该如何做到。

如果你有一位蓝色伴侣，请记住要：

· 让他感觉到你已经感受到了他的关心，懂得他做的事，让他知道你是他最亲密的知己。

· 学会体察他细腻敏感的情绪，有时那种表现是那么微乎其微。

· 在一定程度上做好自己的规划，控制住不理智的行为，这样才能给蓝色以安全感。

· 保持乐观积极的心态，用正面情绪影响并带动蓝色走出消极。

你需要强烈避免的是：

· 过于随意地乱开玩笑，让蓝色感到自己成为被嘲笑的对象。

· 不尊重蓝色的时间和随意打乱他的计划。

· 轻率地做出决定，经常冲动，给蓝色制造焦虑和担忧。
· 忽视蓝色的情绪感受和精神交流的需求。

当你的伴侣是黄色

作为红色、蓝色或绿色，你要多理解，当你选择了一个强悍坚定的人作为你生活中的情侣或伴侣时，你同时就必须意识到，你要开始学会适应他"无情即有情"的冰冷直接的情感表达方式。

黄色伴侣的优点是不作不粘，高效地帮你做出决定和指明方向，如果你重视这些特质，选择他是明智的。至少你不用发愁去推动他，他自己会不断设定更高的目标，向成功攀登。

如果你对情感的需求非常强烈，选择了黄色伴侣之后，你就必须面对一些你不太愿意接纳的事实。在约会阶段，对于有目标追求的黄色来说，追求是最让人兴奋的。因为"搞定这个人"本身就是一种实现目标的过程。但是一旦得手，他们的态度一变千里。

婚后他们很少考虑到伴侣的爱好和情感需要，这种工作狂的态度会被理解为："他不再爱我了。"黄色男人会将受伤的感觉理解为不成熟，他们希望他的伴侣，能在他出差或工作的时候独立些，有足够的能力撑起整个家庭。

选择和黄色在一起的你，请记住：

选择和黄色在一起的你，请记住：

黄色并非要故意伤害你

你需要强烈避免的是：

要求黄色给你很多很多的亲密肢体语言和甜言蜜语

自己成为对他有用的人并不断对自己提出要求，和黄色一同进步

事业

自做决定，不尊重黄色的意见

当错误发生时，逃避自己的问题，解释或情绪上反弹

黄色认为每个人都应担负起照顾好自己的责任

做出任何让黄色觉得会令局面失控的行为

· 黄色并非要故意伤害你，如果看上去似乎如此，那只能说明这是黄色性格的方式。

· 让自己成为对他有用的人是留住他的心的最好办法。如果你能帮助他的事业，那很好，如果不能，请担负起家庭的责任，并不断对自己提出要求，和黄色一同进步。

· 黄色鄙视哭哭啼啼、为一点小事就作天作地的内心脆弱的人。

· 黄色认为每个人都应担负起照顾好自己的责任，即使再亲的人，也不能把自己的人生完全寄托在他人身上。

你需要强烈避免的是：
· 要求黄色给你很多很多的亲密肢体语言和甜言蜜语。
· 自做决定，不尊重黄色的意见。
· 当错误发生时，逃避自己的问题，解释或情绪上反弹。
· 做出任何让黄色觉得会令局面失控的行为。

当你的伴侣是绿色

从生活的角度来看，家有绿色，人生之福。绿色自从结了婚有了配偶就懒得去找情人，容易做到专一。婚姻当中红蓝黄三种人寻找绿色做配偶各有原因，然而有一个共同点千古不变，那就是——

选择和绿色在一起的你，请记住：

你需要强烈避免的是：

你选择他是因为你欣赏他这样的人，无须拿他的事业心、企图心去和别人比较

要求绿色具有红色的激情、蓝色的原则和黄色的主见，你干吗不去找其他三种颜色呢

绿色从不责怪你，绿色从内心深处不愿改变，如果你的改造欲很强，放弃他吧

总是抱怨绿色不做决定，事实上是你自己把做决定的责任推给绿色

跟外人发生争执时，希望绿色能够出头去大干一架

绿色天性中具备一种平缓情绪的功能。无论你在外面受了多大的委屈和折腾，只要见了那张和颜悦色的平静面孔，再暴的脾气和再大的嗓门很快就可化作乌有，他们是绝佳的情感缓冲器和摩擦稳定剂。

在日益频繁的婚外恋现象中，绿色最为稳定。绿色贴近自然，对各种花样翻新多作壁上观，不轻易凑热闹，刺激绿色的神经非常困难，对什么明星绯闻、飞短流长，全部一笑置之。因为容易满足，本身需求无多，绿色也不容易受到外界环境的诱惑。

但是，如果你对婚姻生活寄予厚望，希望绿色能不断为创造家庭共同财富和提高生活质量而努力，你很可能会失望。你也很容易因为外人对绿色的呼来喝去而愤怒，因为绿色自己实在是没有受辱的感觉，而你则因此而更增添了无力感。

选择和绿色在一起的你，请记住：

· 你选择他是因为你欣赏他这样的人，无须拿他的事业心、企图心去和别人比较。

· 绿色从不责怪你，即使你做了再错的事，但你不能因此而不去自我反省，否则最后变成废物的人是你。

· 绿色的得过且过可能给家庭生活带来困扰，比如一个永远不去修的漏水龙头，这需要你保持危机意识和多去推动他。

· 绿色从内心深处不愿改变，如果你的改造欲很强，放弃他吧，别让自己碰得头破血流。

你需要强烈避免的是：

· 要求绿色具有红色的激情、蓝色的原则和黄色的主见，你干吗不去找其他三种颜色呢。

· 总是抱怨绿色不做决定，事实上是你自己把做决定的责任推给绿色。

· 因为绿色不发表意见，总迁就你，你就完全不考虑他的需求了，久而久之，你们会变成陌路人。

· 跟外人发生争执时，希望绿色能够出头去大干一架。

如何与不同性格色彩的工作伙伴相处

当你的工作伙伴是红色

红色对人有着高度的兴趣，这使他们容易打动别人。他们关注他人对自己的看法和评价。红色在工作中喜欢成为众人瞩目的焦点，他们时时刻刻都希望听到赞美声，更希望有一个融洽的工作环境，让他们在团体的气氛中感觉更多的快乐。

在工作中"情绪化"的红色有时也会让人哭笑不得。因为红色的情绪化，会任由情感来指引和操控事业的进程。当红色决定把自己的未来和人生交给情绪，而不是交给自己来控制时，意味着他们准备"破罐子破摔"。

红色在工作中的麻烦在于，任何一个挫折都可能会引发不稳定，而这种不稳定会让周围的人感到恐惧，从而没有办法把更重要的任务和机会交付给他，在合作一个项目时可能人家会担心他因为情绪而给工作带来灾难。

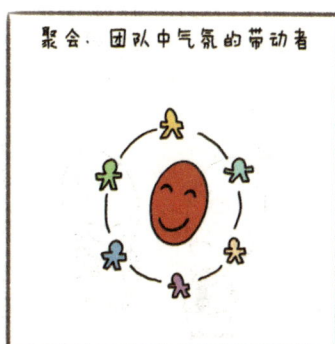

而对于那些身边的红色同事来讲，只要你不时地给予真诚的赞美和认可，便能赢得他们的信赖。

当你的工作伙伴是蓝色

如果你有位蓝色同事，请记住：规则是蓝色的生活方式，任何

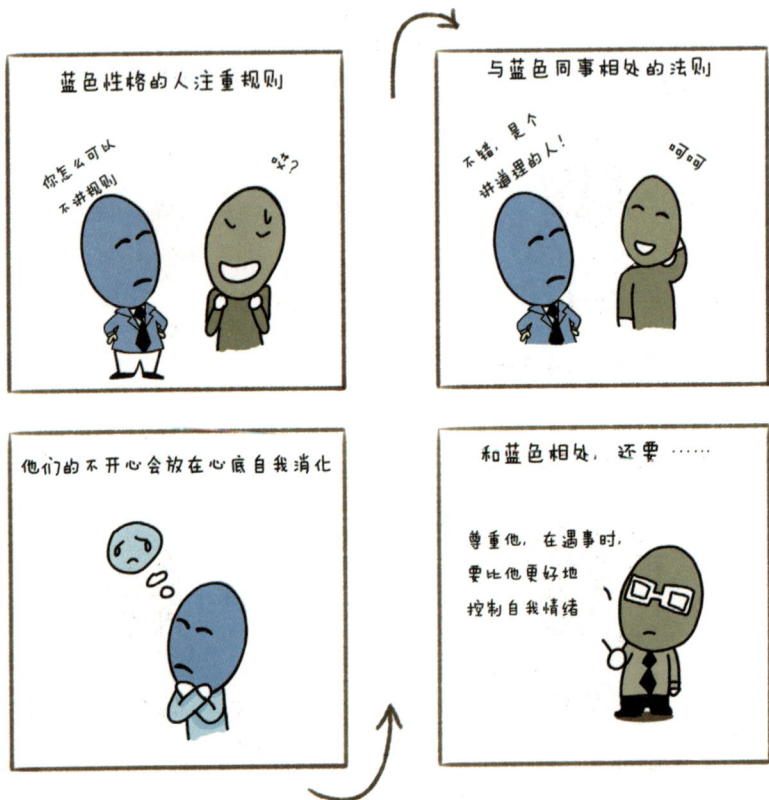

试图打破他人生活方式的行为总会遭到对方反抗的。

　　蓝色一般会把不开心放在心底，自己咀嚼消化，工作中更是如此，他不会像红色那样将自己的情绪化带到工作当中来。与蓝色同事相处，要记住以下几条法则：

　　·让蓝色觉得你是个讲道理的人，可以与你在同一频道上沟通，共事。

　　·蓝色容易把你的犯规归结为不尊重他，当你克制并自我检讨时，蓝色感到你是尊重他的，他自己也会对先前的认知做出调整。

· 当工作中有问题发生时蓝色也有情绪，这时作为同事的你最好先控制好自己的情绪，这样做会让他更加地佩服你。

当你的工作伙伴是黄色

你和你的黄色同事一起出差，住同一间房，此人晚上鼾声颇大。忍耐三天后，至第四天，当他打鼾时你小心翼翼地推醒他说："你盖好被子，小心着凉。"他醒过来，可惜不到十分钟又打起来。然后你想可能是刚才太含蓄，所以他没在意。再次推醒他，很客气地说："你是不是没垫好枕头才打鼾，对身体不好的。"谁知他很生气地说："谁说我在打鼾！我又没睡着，我在深呼吸。"

这不是个笑话，这位打鼾的同事之所以会有上面的回答，是因为黄色认为胜利者和强者不应出错，如果出错，也应该是我自己发现，怎么能由你们发现来告诉我呢？因此当一个错误发生时，黄色通常会在别人身上看到过错。

如果是和黄色同事共同完成一个项目，不管他正在做什么，企图劝他放手都不是一个好主意。这只会引起他的反抗。如果你不同意，但是这个事情又的确对你很重要，只需要简单平静地陈述事实就可以了，然后走开。不要企图操纵或者控制黄色，那会激起他们的反弹。他们尊重直来直去、开门见山的方式。他们可能不会同意

你的看法，但是你会赢得他们的尊敬和忠诚，由此可能会考虑你提出来的方案。

当你的工作伙伴是绿色

如果你不与绿色在一起工作，只是作为朋友，你可以充分享受

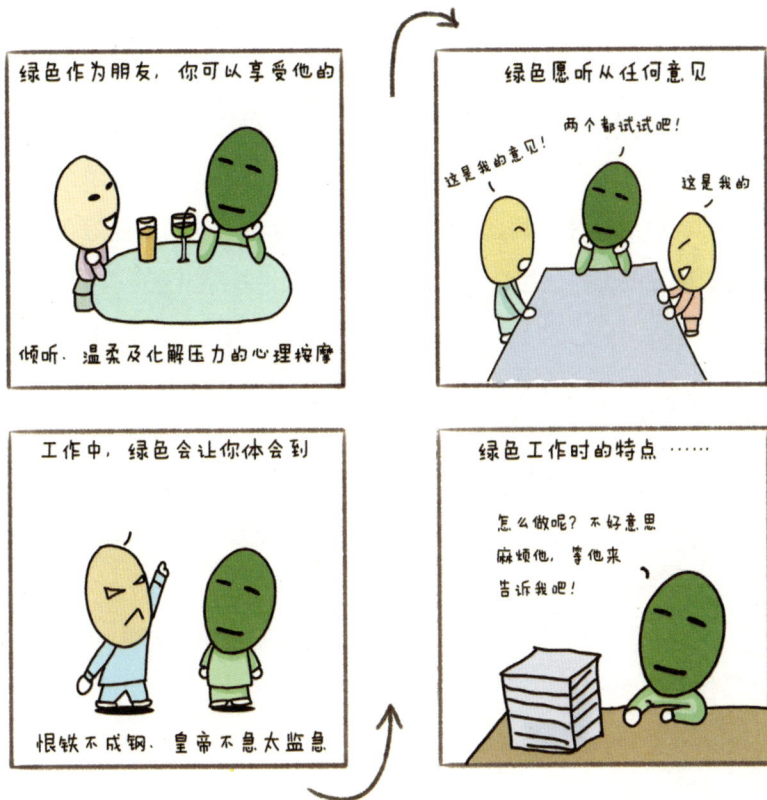

绿色的倾听、温柔及化解压力的心理按摩；然而当你有幸与绿色共事时，你会体验到"恨铁不成钢"与"皇帝不急太监急"的感觉。

　　绿色愿意听从任何人的意见。当两人同时对他提出相反的意见时，他会两个都尝试一下，不发表自己的看法，等这两个人争论出一个结果后，再按照结果执行。绿色最喜欢提的问题不是为什么，而是怎么做。绿色从不催促别人做事，而是静静地等着别人发现自己该做的事。绿色也不愿给别人添麻烦，当别人正在忙的时候，绿色宁可让自己的工作停滞，也不去问问题。

　　这就是绿色工作时的特点，如果一位绿色同事听了你的要求而没有采取行动，很可能不是他不做，而是他没有搞懂应该怎么做，又不想提问给你添麻烦，所以静静地等着你告诉他到底要怎么做。因此如果你的工作伙伴是绿色，要及时地跟进并提出意见。

如何与不同性格色彩的领导相处

当你是（有）位红色的领导

如果你是一个红色，你的员工不仅仅依靠你出谋划策，还需要你的协调能力。所以你要做的就是使你的组织能力更强——列出清单，并且保证你日程安排的精准性，分清各种目标的主次。

再也没有比老板在大事上犯错更让人气馁的了。所以要记住：如果你被棘手的决定耽搁而未能继续，或者无法遵守你的诺言，都会使你的员工失去信心。尽管你只是无心之过，但他们却会把这些事情视为你令他们失望了。你的魅力和热心也不能完全弥补你的不可靠。

并且，你要学会应付即将出现的矛盾。试着预先处理它们，而不是去掩盖他们。另外，你还要学着更合理地安排时间，使预算和任务组合得更有效益。

当你面对一位红色的领导，要记得帮他把事情可能出现的不

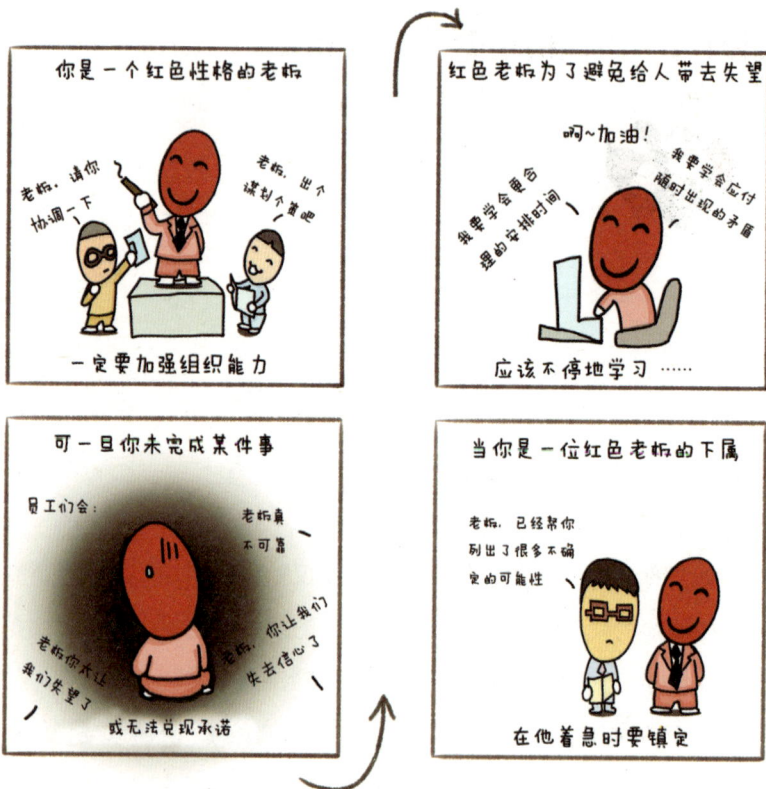

确定性列出来，遇到突发的事情时帮他稳定情绪，而不是比他更加着急。

当你是（有）位蓝色的领导

如果你是一个蓝色，你的高标准是把双刃剑。你对卓越的追求

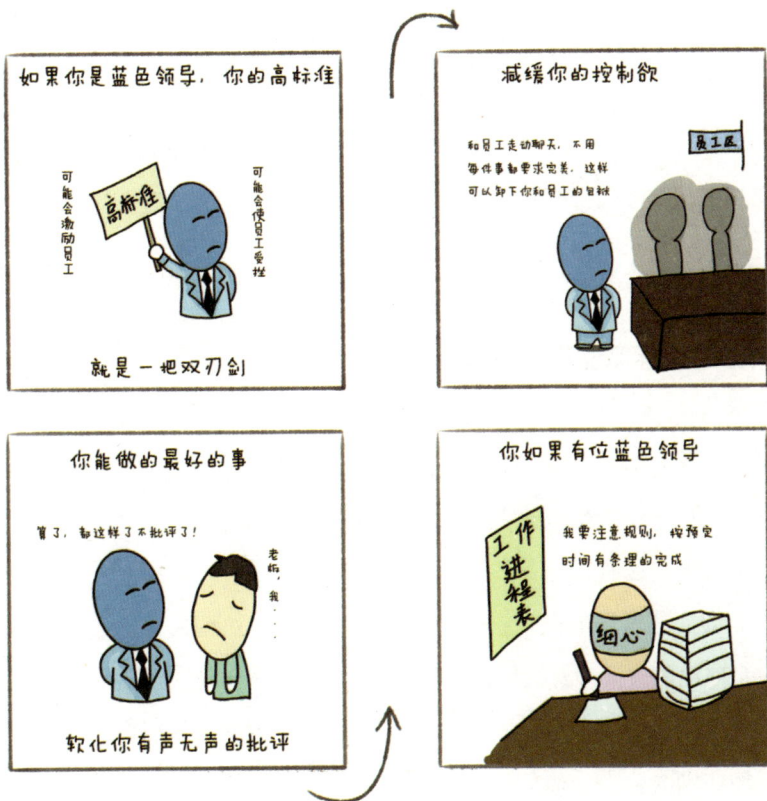

会激励你的员工，但是也经常使他们受挫，因为他们永远难以使你满意。

你能做的最好的事之一就是减少并软化你有声或者无声的批评。你有时看上去太严厉了！

减缓你的控制欲。多去员工区走动走动并且花些时间与员工们待在一起，甚至是与在餐厅他们多聊一会。

清醒地面对这样的事实：你可以高要求，但是不必在每种情况下都追求完美。这样会卸下你肩上的重担，同时也卸下了员工们的。

如果你的上司是位蓝色，那么你在做事的时候要记住最重要的一条，那就是注意规则，不要总是给他出突发性的难题，最好将事情按预定的时间去有条理地进行。

当你是（有）位黄色的领导

如果你是一个黄色，后退—两步。要记住其他人是有自己感受的，而你严厉的指责批判和似乎什么都知道的特点会让你的下属感到不舒服并且愤怒。

要允许错误的发生，并且要试着用仁慈来协调公正。你甚至可以拿自己的失误来开玩笑，而不是努力去塑造一个超人的形象。

如果你有位黄色上司，他可能就是这样喜欢把他们自己的意志强加在别人头上，他们认为自己认为的一切都是对的。你不接受是因为你没有眼光；你不接受是因为你的资质还不够。

在黄色看来，这个世界上没有不可能完成的任务，所有不可能完成的都只是借口，一定可以想出方法来解决所有的问题。在这样坚信"方法总比问题多和人定胜天"的信念下，他们很难听进他人的意见和观点。

劝告黄色是困难的，因为他总能证明为何他是对的。由于他认为自己是英明的，所以如果是错的事情，他不会去做。

当你是黄色的老板，请做出以下改变

以后批评人的时候，站在别人的角度考虑下，偶尔允许错误发生，不要塑造超人的形象

当你有位黄色老板

你不觉得我对，是因为你没眼光，智虑不够深

他会将自己的意志强加于你

适当用以下两种方法鼓励人

一、赞美他们出色的表现
二、适当让出自己的一些权力

可以获得更多的贡献

他们很难听进别人的意见

人定胜天
方法比问题多

他相信世上没有不可能完成的事

不要专横，试着询问别人

啦啦……

尝试与他人合作

我是英明的，绝不会做错事情

面对黄色领导，切记不要当众反对他，这会让他认为你在挑战他的权威。

当你是（有）位绿色的领导

如果你是一个绿色，你可能是一个受欢迎的老板。你的目标是成为一个更加高效率的老板。

　　学着去拓展更多不同的任务并且尝试更快速地完成它们。你可以变得更加有决断力，同时思维和感受更加开阔。尝试一下更具挑战性和变数的实验。

　　你很关照员工的感受，但不要因此而丢失处事原则。

　　如果你有位绿色的领导，那么真的要恭喜你，因为他们的领导风格只有四个字：以人为本。

　　如果说黄色是靠着"目标管理"来达成他们的胜利，绿色则以"人本管理"的方式取得了前所未有的成功。他们对于人内心需求的关注，让人们感受到"我很重视你，就像你重视你自己"。

　　你应学会推动绿色的老板，避免因他不做决策而给团队带来损失。

如何影响不同性格色彩的下属

当你的下属是红色

你的红色下属不仅时刻给你眼前一亮的创意，更多的时候他在工作中的积极性会带动部门的其他人一起high起来，有这样的员工，你不用担心工作的氛围不好，更不用担心工作枯燥无味。

红色太希望受到表扬了，工作中尤其是老板的肯定对他来说非常重要。因此不要吝啬你的赞美和肯定。

红色的内心深处不甘寂寞，且永远在追寻新的兴奋点，因此在工作中对于时间点拉得比较长的任务最好不要交给红色，或者是在每个不同的阶段给他加入更多新的东西，让他不断地对工作保持激情。

学会提醒他们，你已经开始依赖他们，你知道他们的功劳。告诉他们别人对你说过的他们的好话，并向他们描绘美好的个人愿景。

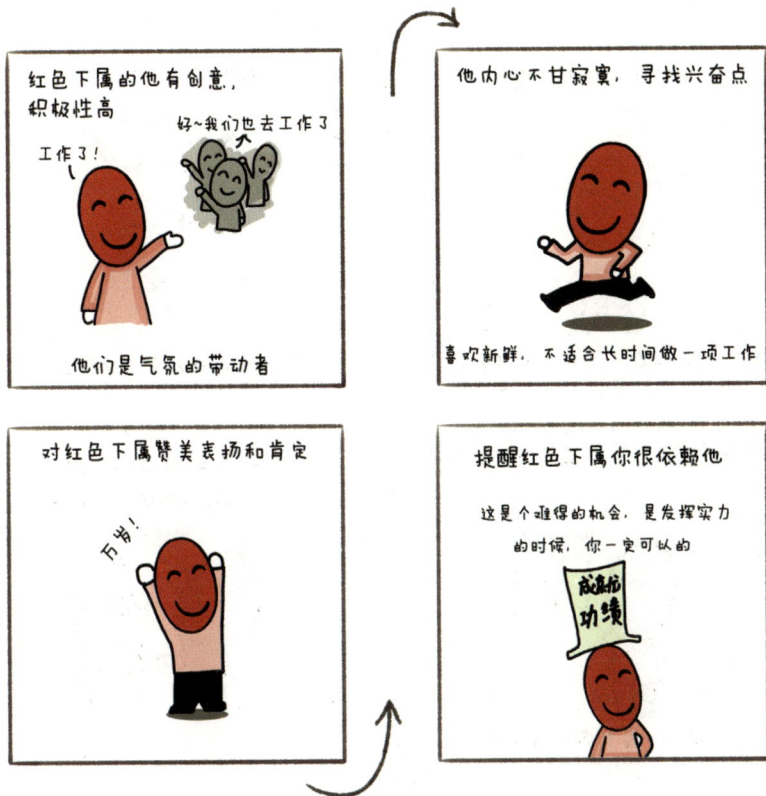

当你的下属是蓝色

蓝色对人非常忠诚，因此如果你有一位蓝色下属，首先是不用太担心他的背叛。

而且蓝色做任何事情首先制订好计划，然后严格地按照计划去执行，因此在工作中不用担心他会做出不靠谱的事情让你去收拾残局。

你若有个蓝色下属

他的忠诚使你不用担心会背叛你

在他执行任务时

告诉他问题和背后的挑战

任务开始之前蓝色已制订好计划

不用担心需要你收拾残局

这是我们全部要面对的，要正确研究和理解，找到解决问题的方法！

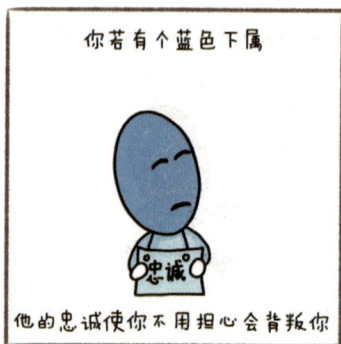

　　在执行任务的时候，要告诉他需要了解哪些问题和背后的挑战，并尽可能地详尽。要注意到条理性、逻辑性、彻底完全和精确。提供文档资料，并尽可能对流程设计和计划进行全面详细的解释。

　　你可以这样说："这就是我们需要面对的全部事实，我们的胜算在于正确地研究和理解问题，并在逻辑上找出如何将其攻克的方案。"

当你的下属是黄色

如果你的下属是黄色，你会发现他大部分情况是令你非常满意的。只是他可能会无视老板对他的情感投入，因为黄色比较忽略感受，尤其在工作中。

当你的黄色下属对待遇不满时，他会跟其他同事说，要么是想挑动其他同事闹事，自己从中取利，要么就是希望通过这个方式

让老板知道。最坏的可能，他已决意离开，说不定还想顺道策反几个人。

他也可能在其他同事面前批评老板，但其实是在展示自己的重要性："你们看，我这么说老板，老板还容忍着我，说明我多厉害。""只有我敢这么平起平坐地数落老板的不是，你们行吗？"

黄色做事目的性强，这也是他能把事情做成的重要原因，所以你面对黄色下属时，要把注意力更多放在他做事的结果，而不是他是否让你感觉不爽，从而激发他最大的潜能和优势。

当你的下属是绿色

让我们来听听面对绿色下属的老板的感言："小绿跟了我八年，我一直很痛恨她，因为她是个特别磨蹭的人，而我是个急性子，有时候看着她慢慢地动，真的很上火。我成天批评她，她不生气也不难过，听完了，没啥变化。我总忍不住要跟其他同事说小绿，而小绿却从来不怨我。结果，最后所有的人，包括我的领导都觉得，像小绿这么好的孩子，怎么就被我说成那样呢。还有呢，小绿的问题根本不是能力问题，而是性格问题。她刚进我们单位时，笔试第一名，口试第二名，综合得分第一名。到最后，我的领导还说，这么优秀的孩子给了我当下属，怎么就在我这儿变成了最差的一个呢，气死我了。"

后来这位老板换了一种方式面对绿色下属，发现她能力很强，还很可爱。

"我以前觉得她麻木不仁，现在发觉她其实就是没心眼，心态平和，也不争功，也不闹事，八年了，不管我怎么对她，她还是待在原来的地方，从没说过别人坏话，也没想往上爬，对我也是忠心耿耿的，没有过二心。现在我觉得她其实挺可爱的。"

面对绿色下属要学会:

给他分配任务的时候，尽量保持平静，在问话的时候，尽量用"你能做到吗？"这样的句式。和他们想法不一致的时候，尽量说："你能说说你的想法吗？"

绿色最适合做那种没有人愿意做的工作。比方一个大任务给切分后，把最吃力的没有人做的那个部分给绿色的人，他们一般会没有任何怨言地就接下了，虽然干得慢了一点，但他们会心平气和地完成。

不要一下给他们一个特别大的任务，那样他们就给吓蒙了，不知道该怎么办了，所以把任务切分成小碎块，让他们更容易接受。

end_

跟乐嘉学性格色彩

2002年成立的中国性格色彩培训中心，在创始人乐嘉的带领下，一直致力于研究并发展"FPA性格色彩"这一风靡国内的实用心理学工具。

中国性格色彩培训中心将面向喜爱和立志于传播性格色彩的人群开展两大类课程：一类是专业课程，包括基础和进阶；一类是认证课程，包括认证演讲师和认证咨询师。这两类课程均由性格色彩培训中心资深导师及认证培训师授课，而性格色彩认证演讲师课程更是乐嘉老师唯一亲自传授人们如何认识自我及如何演讲的课程。

性格色彩基础研讨会——快速上手性格分析

这门课程能提供一个穿透自我及他人内心世界的强大工具，不仅比其他性格分析工具更实用/简单/易操作，并且，它是国内唯一帮你深刻区分"动机"和"行为"的性格分析培训课程。

◆ 找到真实的自己——了解自己的性格类型，清楚地知道自己的长处和局限性。

◆ 理解他人的内心——透过行为看到动机，理解那些原本我们不能理解的人。

课程长度：2天

授课老师：认证培训师

性格色彩进阶研讨会——成为解决人际关系问题的能手

这门课程将帮助你看懂那些因后天影响导致个性复杂的人，并为你提供自我个性完善发展的策略，以及揭示不同性格之间如何相处的真正奥妙。

◆ 辨识复杂的个体——无论是谁，都可洞见到自己和洞察他人关于外部假象和真实内心的关系，深刻理解"动机"与"行为"之间的关系。

◆ 做最美好的自己——学会如何扬长避短，拓展性格的优势，控制性格的局限，做最真实且最美好的自己。

◆ 学会钻石法则——针对别人的内心需求给予他们想要的，从而搞定一切你想搞定的人，获得属于个人的真正影响力。

课程长度：3天

授课老师：培训中心资深导师

性格色彩认证演讲师——帮助你成为洞察人性的演讲者

无论你是演讲菜鸟还是演讲达人，这门课程不仅可以帮助你成为在讲台上有超凡魅力的你，走上超级演说家之路，还可帮助你成为一个可以洞穿人心的你。

◆ 突破自身演讲的局限——所有演讲的瓶颈和难关都与演讲者本身的性格有关，洞悉性格奥秘，可以帮助你成为更好的演讲者。

◆ 塑造专属于你的演讲风格——不同性格的演讲者适合的演讲方式及套路不同，唯有这门课程，可以根据你的性格为你量身打造属于你的演讲风格。

课程长度：5天

授课老师：乐嘉老师

性格色彩认证咨询师——帮助你成为最懂性格的助人者

这是一个培训那些愿意成为"FPA®性格色彩"咨询师的人的课程——你将拥有与所有人群内心对话的奇妙能力。

◆ 帮助你成为高明的助人者——你将成为熟练运用性格色彩工具解答他人困惑的指引者，通过一对一的咨询，走入咨询者内心世界，消除其矛盾、痛苦与纠结。

◆ 帮助你成为性格色彩的高阶玩家——你将在更高专业层次上透彻地了解自己及他人，将性格色彩的功用发挥到极致，使之成为沟通心灵的桥梁和纽带。

课程总长度：4天4夜

授课老师：培训中心咨询师督导

更多详细介绍，请查阅中国性格色彩培训中心官方网站。

官方网站：http://www.fpaworld.com

咨询电话：400-085-8686

乐嘉微信：lejiafpa

FPA微信：FPAxinggesecai

　　　　——听最真实的声音

乐 嘉

性格色彩传道者，立志将高深繁琐的心理学理论
化为大众实用工具，惠及世人。

创办人

他创立了国内最有影响力的性格分析培训机构——中国性格色彩培
训中心。培养了数百名经过认证的培训师/演讲师和咨询师，他和他
的团队致力于传播这门实用心理学工具，为不同类型的客户提供各
种培训、项目咨询和个人教练。帮助企业将人力资本的效用发挥最
大，帮助人们读人识己，寻找相处之道，获得幸福。

演讲家

20年来，他演讲逾1200场，足迹走过海内外，被誉为舞台上有超凡
魅力、触动人心的演讲者。从面向企业家的"商道即色道"，到面
向公众的"洞察性格奥秘，拥有幸福人生"，到面向大学生的"嘉
讲堂"校园巡回演讲，受众遍布三教九流、男女老少。

培训导师

自2002年创立"FPA®性格色彩"以来，他将性格分析的应用从领
导、管理、销售、客服、人力资源、沟通、团队、延伸至婚恋、子
女教育、学校教育、心理咨询、个人成长等各领域。作为卓越的培

训师，他个人培训过的客户覆盖从中欧国际工商学院到国家行政学院、从全球500强到国企巨头，从政府组织到非营利性机构，从医院到教育的各行各业。目前他也是上海大学悉尼工商学院、西北大学管理学院、河海大学的客座教授。

作家

他是畅销书著名作家，在实用心理学领域笔耕不断。至今已出版9本著作，总销量突破400万册。他的作品包括：专业工具《色眼识人》《色眼再识人》《跟乐嘉学性格色彩》，个人随笔《微勃症》《谈笑间》，专业随笔《人之初，性本色》《让你的爱非诚勿扰》《爱难猜》，自剖录《本色》。同时，他也创办了中国性格色彩图书中心，为性格色彩的传播者和爱好者提供交流共享的平台，主编了《色界》系列。

电视人

作为被大众熟知的"犀利"代言人，他是电视节目的主持人/嘉宾和导师，是电视节目上极具人性洞悉力的角色。他以非典型路径跨入电视界，以其专业/睿智/敢言/敏捷/感性/幽默，感性温暖和理性思辨的结合，指点迷津直指人心，让节目绽放人性色彩，让观众受益匪浅。他参与的节目包括：《非诚勿扰》《不见不散》《老公看你的》《别对我说谎》《首席夜话》《夜问》《超级先生》《超级演说家》《我是演说家》。

官网：www.fpaworld.com
微博：weibo.com/lejia
微信：lejiafpa
邮箱：lejiafpa@126.com

图书在版编目（ＣＩＰ）数据

跟乐嘉学性格色彩：新版 / 乐嘉著；— 长沙: 湖南文艺出版社, 2014.8
 ISBN 978-7-5404-6837-8

Ⅰ.①跟… Ⅱ.①乐… Ⅲ.①性格—通俗读物 Ⅳ.①B848.6-49

中国版本图书馆CIP数据核字(2014)第164447号

上架建议：心理学·通俗读物

跟乐嘉学性格色彩：新版

作　　者：乐　嘉
出 版 人：刘清华
责任编辑：薛　健　　刘诗哲
监　　制：刘　丹　　张应娜
策划编辑：王　静
特约编辑：刘　霁
营销编辑：李　颖
漫画作者：张伟迪
封面设计：崔振江
版式设计：利　锐
出版发行：湖南文艺出版社
　　　　　（长沙市雨花区东二环一段508号 邮编：410014）
网　　址：www.hnwy.net
印　　刷：北京京都六环印刷厂
经　　销：新华书店
开　　本：880mm×1270mm　1/32
字　　数：150千字
印　　张：10
版　　次：2014年8月第1版
印　　次：2016年2月第3次印刷
书　　号：ISBN 978-7-5404-6837-8
定　　价：39.00元
质量监督电话：010-59096394　团购电话：010-59320018